世界一かんたんに
人を幸せにする
食べ物、それは
トースト

山口繭子

YAMAGUCHI
MAYUKO

サンマーク出版

CONTENTS ✣

CHAPTER ①

#パンというHEAVEN
—— この世で一番かんたんに人を幸せにする食べ物、それはトースト

CHAPTER ②

#やせたい —— 太るということはおいしいということ

CHAPTER
⑥

#パンという包容力 ── 何があったって受け止めてくれる

CHAPTER
⑦

#いちごという病 ── 手が勝手にカゴに入れてる

CHAPTER
⑧

#ナンジャコリャ！ ── 見た目地味だけど死ぬほどうまい

CHAPTER ⑨

#いちおう健康も気づかってはいる
—— はちみつがなければほぼサラダ

CHAPTER ⑩

#食パン以外も愛してる
—— パンであればなんだって幸せ

はじめに

✢

朝ごはんがおいしければ
とりあえず、何となくうまくいく。

ふとそう思いついた日から、
旬のフルーツやハーブ、
チーズ、クリーム、そしてパンが
朝の必需品になりました。
そうだ、トーストは、
世界一かんたんに、確実に、
私を幸せにしてくれる。

本当はやせたいのに。
和朝食だって嫌いじゃないのに。
でも、もうやめられません。
だって、
トーストってすっごく楽しい！
人気店の高級食パンも
スーパーで買うお買い得食パンも
冷蔵庫やパントリーに残ってる
適当なフードをのせるだけで、
いきなり別の表情に早変わり。

意外な食材同士も、なぜか
トーストの上では仲良く握手する。

「何だこの美味、何だこの感動！」
毎朝、ひとりザワつくこの時間が
今では最高の贅沢になりました。
レシピ本と呼ぶには、あまりにも
雑＆イージーではありますが、
トーストの幸せを、あなたにもぜひ。

\GOODMORNING!/

幸せを作る道具たち

焼いたり、くりぬいたり、皮を削ったり……
私の幸せを作ってくれている道具たちをご紹介します。
もちろん同じものでなくても大丈夫。
ご自宅にあるものでどうぞ。

トースター／BALMUDA The Toaster

お皿／百田陶園　TY Round Plate Plain Gray 200

ナイフ／ Michel BRAS No.1

バターナイフ／ OPINEL スプレッダー

バターカーラー（私物）

ゼスター／ Zwilling ツヴィリング プロ レモンゼスター

計量スプーン（私物）

幸せを作る食べ物たち

幸せは自分では作れないような気がするけれど、
冷蔵庫やパントリーに入っているこの食材たちは、
絶対に今日の自分を幸せにしてくれる。
大活躍のトップランナーがこちら。

バター／クリームチーズ／ヨーグルト

食パン／シュレッドチーズ／オリーブオイル

バルサミコ酢／黒蜜／バナナ／レモン／いちご

はちみつ／ココナツカシューバター／練りごま

ミックスナッツ／ココナツファイン／黒こしょう（ホール）

さあ、天国へ。

CHAPTER ①

#パンという HEAVEN

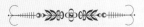

この世で
一番かんたんに
人を幸せにする
食べ物、
それは
トースト

レモンピザトーストさわやか増し

✻

#レモン病 #たらーり #助っ人はミント #チーズ布団にくるまりたい

唐揚げからレモンサワーまで、こんなに活躍する食材って他にあるだろうか。レモンよ、あなたが大好きだ！ ころんとした丸い見た目もかわいければ、切ってもかわいいという、なんだかズルい存在です。でもたぶん、レモンって、薄切りにされたいと望んでると思うんですよね。だって切ってもかわいいなら、見られたいじゃないですか。

recipe

1 食パンにシュレッドチーズをどっさりのっけ、うすーく切ったスライスレモンを並べて焼く。

2 焼けたら、端からハミったレモンをキッチンバサミで容赦なく切り落とす。

3 はちみつをドバッとたらす。ミントの葉をのせ、黒こしょうをふる。

❖ ひとりごと ❖

「レモン病」というハッシュタグがひらめいた日、我ながらニヤリでした。レモン大好き。そして「レモン大好き」と言ってるとなんかそれだけで「私意識高いっす」と周りに暗に告げている気もして。自分をからかうような気分で使い始めた言葉ですが、いつの間にか本当に病に冒されてます。レモン、好きだなぁ。

いちごとマスカルポーネの無敵トースト

✤

甘ずっぱいに隠れた三十路っぽい苦味

#いちご無敵 #血中女度一気にアップ #たらったら #食べにくいよすごく

私がおふとんナシでは生きていけないのと同様、いちごだって、マスカルポーネやクリームチーズのおふとんを欲してる（たぶんね）。今日はトーストのマット＆マスカル布団の上に寝かせて。マカダミアミルクとエスプレッソソースのブランケットをかけた途端に、私にむしゃむしゃと食べられました。

recipe

1 トーストにマスカルポーネを思いっきりぬる。

2 半割りにしたいちごを、雑に適当にごろごろのせる。

3 マカダミアミルク（なければ練乳でもOK）とエスプレッソソース（マスカルポーネの付属品。なければバルサミコなど）を、はみ出し上等でダラダラたらす。

{ ひとりごと }

いちごって、食べれば食べるほどさらに欲して愛してしまう、なんか変な成分でも入ってるんじゃないだろうかと思います。高級なブランドいちごは敬意を表してそのまま食べるのがいいと思いますが、スーパーで売ってる普通のいちごには、○○ソースとか○○クリームとか、その手のものをじゃんじゃん合わせて食べると、また面白い発見が。

崩しコーヒーゼリーの生食パン

✿

#コーヒーゼリー #正気でやってます #ぐちゅぐちゅっ #生食主義

「銀座 に志かわ」の高級食パンをいただき、狂喜乱舞。すっごく重くてどんだけ水分含んでるんだろうと驚きつつブレッドナイフ入れる瞬間の高揚感ときたら！（入刀〜！と叫んだ）こういう食パンて、パン職人としては買った翌日までなら生食してもらうのが本望なんだそうです。新鮮なうちは焼くなんてご法度なんですね（高級マグロみたいなもの？）。

recipe

1 ふわふわタイプの高級食パンを惜しげもなく分厚くスライス。

2 市販の安めコーヒーゼリーを食パンの上でスプーンでぐちゅぐちゅと崩す。

3 コーヒーゼリーの付属品コーヒーフレッシュ（なければ練乳）をたらーりかけて、半割りのピーナツパラパラ。

{ ひとりごと }

かつて編集部員として在籍していたフードマガジンでは、「パン特集」が鉄板企画。食パンの記事を担当した際、フードプランナーの大皿彩子さんから教えてもらったアイデアがこれでした。サンドイッチは生食が普通なワケだから、この食べ方、もっと多彩に楽しめるかも。

ワイン好き垂涎、至福の金柑チーズトースト

✣

#金柑という女子度 #ワインもってこい #チーズはくっさいのがお好き

ブルーチーズのおいしさって、わかったような顔して単体を食べるよりも、苦いの（金柑）とか甘いの（はちみつ）と大胆にミックスしてガツガツいく方が、引き立つような気がします。これ、おいしいを通り越して罪深さしか感じない味わいでした。胸の前で十字切りながらお召し上がりください。

recipe

1 トーストをさっくさくに焼く。

2 1〜2個の金柑を8つ割りにし、ちょいレンチンでしなっとさせ、包丁なんて使わず指でちぎったブルーチーズと共に焼き立てトーストにドン。

3 はちみつ！黒こしょう！迷いを捨てて盛大にかける。

❮ ひとりごと ❯

とにかく時間がないし寝てたいし、朝は時間がない。朝ごパンにのせるフルーツって、できる限りそのまま食べられる食材がブラボー。金柑は皮がおいしい果物で、「そのまんま食材」の優秀選手。いちじくもしかり。ちなみに、キウイの皮つきでも試したことがあるけれど、とても後悔する結果となりました。

ひぃひぃ言ってしまうしらすのアヒージョトースト

#巨大なる揚げもの #大量の子どもたち #なぜわざわざ朝に食べる #午前中はカロリーゼロ

食材を、刻みにんにくと共にじわじわとあげ焼きにする「アヒージョ」。スキレットや耐熱皿を使えば簡単だし、なんか小洒落た感じもするしで、常連レシピにする価値アリです。海老や野菜ではなく、しらすと卵だけで作ると、カリカリ食感とそれを包むトロットロがもう、たまらん。夜はコーヒーの代わりに白ワインを合わせてください。いえ、朝でもそうしてください。

recipe

1 アヒージョを作る。スキレットや小さめの鍋にしらすと刻みにんにくを入れ、ひたひたのオリーブオイルで、弱火でじっくり揚げ焼きに。途中で中央にくぼみを作って卵を割り入れてジュージュー焼く。

2 アヒージョを作っている間に食パンをこんがりめにトーストする。

3 トーストにアヒージョをのせ、黒こしょうとパプリカを好きなだけふる。

《 ひとりごと 》

「ポルトガル料理研究家」の飲み友達、馬田草織さんが教えてくれたしらすのアヒージョを家で作ってみたら、食パンと同じサイズじゃんという気づき。これはもう、のせるしかないでしょう。パプリカパウダーの香りって、鰹節に似てると思いません？ だから合うんですよね。

リボンきゅうりのボーダートースト

❀

#これでもダイエット食 #エッジのカットが命 #ハマる味わいハマる食感

バターを買い忘れた！ という時、嘆き悲しんだりせずに思い出そう。オリーブオイルというすばらしい味方がいることを。きゅうり×トーストにオリーブオイルをたらすだけのどかんたんレシピは、何度着ても飽きない、コットンTシャツのような素朴で粋な味わいです。

recipe

1 食パンをこんがりめにトーストする。6枚切り程度のチョイ薄めがベスト。

2 きゅうりをピーラーでリボン状にけずって、1枚ずつトーストに並べ、ハミ出た分をナイフで切り落とす（切り落とした部分はもちろん食べて）。

3 オリーブオイル大さじ1杯程度を、寝てる子を起こさないくらい静かにたらし、塩と黒こしょうをパラパラとふる。

❰ ひとりごと ❱

料理撮影の現場では、カメラマンもスタイリストもエディターも、その場にいる人みんな超絶食いしん坊。仕事しながらもずっと食べ物の話をしている気がします。「パンに何をのせるのがクールか」という話をしていた時、スタイリストの久保田朋子さんが教えてくれたのがこれ。おしゃれな人ならではの、シンプルで上品な「ニュースタンダード」。

海苔チーズのたけのこトースト

✤

#実はチーズトースト #櫛じゃありませんたけのこです #こんがりは調味料

あんこ、きな粉、黒蜜に海苔巻き……。モチにのせるとウマいものは、食パンに合わせてもだいたい成功するものです。トーストのこんがり感に、グリルたけのこの香ばしさをドッキングするこのトースト。仕上げのオリーブオイルは鉄板ですが、ごま油に変えてもこれまた美味……。

recipe

1 食パンの上にスライスチーズと海苔、水煮たけのこの薄切りをのせる。

2 こんがりとこげ目がつくまで焼く。こんがり感が好きな人は、たけのこだけフライパンで焼いてのせても。

3 オリーブオイルをたらたらー。そして黒こしょう。

《 ひとりごと 》

実はあんまり食パンにこだわりはなくて。高級食パンをいただいたらウホウホ食べるし、パンがなければ近所のコンビニで買えばいいじゃない（庶民アントワネット）。が、洋風のちょっといい感じの食材をのっける時はそれなりのパンがいいような気がしますし、お惣菜的カジュアル食材をのせるなら市販食パンの方がケンカしないと思う。

レアチーズケーキ"風"ブルーベリーパン

✤

#やせる気あるのか　#ごろごろエンドレス　#どすこい#とろーり

ブルーベリーのはかない甘さと香りを存分に味わうためには、クリームチーズとおつきあいさせるのが推し。カスタードクリームや生クリームもいいけど、クリームチーズは、チーズの酸味がブルーベリーと一体化するんだよね。クリームチーズに砂糖を入れてキャーッと混ぜ合わせるだけの「クリームチーズ フロスト」は、かんたんでおいしいのでぜひ試してみてください。

recipe

1 甘めむっちり系食パンを、ダイエットなんか忘れて分厚くスライスする。

2 クリームチーズと砂糖を混ぜ、プレーンヨーグルトも適当に混ぜてゆるめに仕上げる。

3 2のクリームとブルーベリーを盛大にパンにのっけて、キャラメルソースをかける。少し冷やしてからヨーグルトを追い足ししても。

〈 ひとりごと 〉

「こういう時は思いきりが肝心!」と、この食パン、たぶん4枚切りかそれ以上の分厚さです。朝ごパンを食べ切れなかったことは一度もなかった私ですが、これ、残り半分は冷やしておやつになりました。が、冷やすと水分がパンにしみてレアチーズケーキみたいになることを発見♡少食だといいことあるのね♡

レモンキャラメルとふわふわクリームのトースト

✤

お口の中
実況中継

ふわふわ苦甘の下からカリッと食感

#急げクリームがとける　#レモン病　#とけるからカロリーゼロ　#って聞いたけど

マーマレードが大好きという人にもおすすめ、ノーワックスの国産レモンを皮ごと刻んで炒めるレモンのマーマレード。この苦味がこんなにもおいしいなんて、大人になってよかった〜。大人になってからだいぶ経ちますけどね。

recipe

1　刻んだノーワックスのレモン（皮もね）と砂糖を、バターをひいたフライパンでキャラメルになる直前くらいまでガーッと炒める。

2　生クリームを、砂糖を入れずにゆるゆるな仕上がりになる程度にホイップする。

3　ミニサイズの食パンを2枚、カリッとトーストし、焼き立てに2のクリームと1のレモンキャラメルをどばっとのっける。

❴　ひとりごと　❵

家で作る料理、失敗したっていいじゃないですか！ ついでにいえば、自宅ぼっちごはんこそ、実験魂燃やしたいと思います。生クリームをゆるゆるに泡立てるとどんな感じだろうとか、砂糖ナシの生クリームにめちゃくちゃ甘いレモンキャラメル合わせるとどうだろうとか。プチチャレンジは、断然、朝が狙い目です（夜は失敗すると寝られなくなる）。

カカオニブはちみつのさくさくバタートースト

✣

#耳まで愛してよね #さっくさくの極み #バターはちみつ #朝からめっちゃ幸せ

うそでしょ、と思うでしょう？ でも本当なんです。焼く前に4本の切り込みを入れるだけで、なんでこんなに耳さっくさく＆中ふわっふわになるのか、魔法のようなバタートースト。こういう時はもう、シンプルアレンジが正解。バターつきパンにはちみつだけでも十分においしいのですが、あえてカカオニブでカリッと感もプラスして。

recipe

1 食パンの端から内側に3mmのところにナイフの先でスーッと切り込みを入れる（切り落とさなくてOK）。

2 こんがりとトーストし、焼けたら熱いうちにバターをたっぷりとぬる。ぬるというか、のせてとかす勢い。

3 カカオニブとはちみつを混ぜ合わせてのせる。もちろん好きなだけ。

《 ひとりごと 》

うちでは朝食パンをひぃひぃ喜んで食べるのは私だけなので、1斤買うと当然余ります。買い立ての食パンを堪能したら、残りは1枚ずつペーパータオルで包み、さらにラップで包んで冷凍庫保存です。冷凍したパンは焼く前にナイフを入れるのも楽なので、この切り込みの技もよくやります。

アボバターの重ね重ねトースト

✤

#森のバターと乳のバター　#たぶん相殺してカロリーゼロ　#アボカドの魔力　#バターという罪

女子にアボカドという病が蔓延しはじめたのは、いつからのことでしょう。確かに、昔から嫌いじゃなかった。しかし、こんなにアボアボと世が騒ぐと、「食べないと!」という気分が増してくるのが不思議です。「森のバター」と呼ばれるアボカドゆえに、本家バターとも合うだろうと思って合わせたら……。もちろん合いますよね。すいません許してください。

recipe

1 食パンをこんがりとトーストする。

2 バターカーラーを使って、バターとアボカドをシェル形にけずり、トーストにのせる。重なってもいい。遠慮しなくていい。

3 バターがとけないうちにバルサミコ小さじ1程度と塩とこしょうをふる。

{ ひとりごと }

撮影現場はお買い物の場。このトーストに使用した「バターカーラー」はキッチンツール特集の撮影時にスタイリストさんが持ってきてくれたもので、シェル形にスルッとけずれるのが面白くて、たまらず即購入。黒い柄の先に波形の鎌みたいなのがついてる不思議なツールです。使用するたび、あり得ないくらいバターを消費してしまうのが想定外だった……。

セサミはちみつのマーブルトースト
✳

#表面張力 #手に持つと流れるし #矢羽根マーブル模様 #ねりごまの乱心

練りごまや水切りヨーグルトなど、「ちょっとだけ硬さのあるとろ
〜んとした美味」は、トーストというキャンバスに使うと最高の
印象画に。練りごまにはちみつ＆しょうゆという組み合わせ
は、ゲゲゲほんとに？ と思われるかもしれませんが、「ごま団
子」っぽい味わいがお好きなら絶対ハマるはず！

recipe

1 食パンをこんがり色よくトーストする。

2 練りごまを、端から流れ落ちない程度にたっぷりとぬる。

3 はちみつとしょうゆをそれぞれ、食パンに大きなMを2回くらい描くように
　たらし、垂直（横）の向きに箸の先でキャキャッとひっかくようにしてマー
　ブル模様にする。

❪ ひとりごと ❫

日本人にとって、練りごまとは練りご
ま以外の何ものでもありませんが、海外
では「タヒニ」の名で知られ、意識高い系
ピープルから大人気なんだそう。ピーナ
ッツバターだと思って使えば、なんとなく
しっくりきます。メガカロリーな朝ごパン
になるのは必至です。

お口の中実況中継

ジュージューカリカリのこがしバター攻撃

アッチッチワンパンフレンチトースト

#やせたい #焼きにバター仕上げにバター #卵と牛乳しみしみ満潮 #ジュージューは幸せの音色

ホテルやカフェで出てくるフワッフワのフレンチトーストが好きですか? やせ我慢に聞こえるかもしれないけれど、私は家で自分で作るアツアツ焼き立てのフレンチトーストに1票です。パンの耳で作るんだけど、アパレイユ(卵液)に前の晩から漬けるから、端までやわらか。ちょっとこげてもご愛敬! 追いバターがとけきらないうちに平らげちゃってください。

recipe

1 卵1個、牛乳1カップ程度、砂糖適量、バニラエッセンスを混ぜた液に、硬くなった食パンの耳をドボンしてそのまま一晩ひたしておく。

2 スキレットにバターを入れて火にかけ、アツアツになったら1を入れて両面をこんがりするまで焼く。

3 勇気を出して、けずりバターをさらに上にのせる。

ひとりごと

全世界に伝えたい。フレンチトーストは小ぶりのパンドミで作るのが王道ですが、実はその他のパンでもわりと楽しめることを(長い倒置法)。パンの耳はその代表格で、アパレイユがしみることでやわらかくなるし、スキレットでこげた部分も最高! デニッシュパンやフルーツ入りのパンで試してもびっくりするくらいおいしく、そして罪深いメガカロリーに。

CHAPTER ②

#やせたい

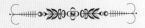

太る
ということは
おいしい
ということ

カリジャリマックスのナットトースト

カリジャリクリスピーを包む甘トロピーナツ味

#クリスピーには逆らえない #カリカリされると負ける #ナッツ食べても平気なお年頃

小さい時からナッツ類が大好物だというのに、食べると即ニキビや吹き出物に襲われて激しく後悔する羽目におちいるのが常だった。同様に、「鼻血が出るからナッツはね」と泣く泣くあきらめていた人もいるでしょう。が、今やどんだけ食べても何にも出ません。太るだけ……。エイジングってうれしいものですねぇ。涙

recipe

1 イギリス食パン（さくさくしてる食パンがおすすめ）をこんがりと焼く。

2 クリスピータイプのピーナツバターをどっさりぬる。観念して。

3 アーモンド、くるみ、ピーナツなど、好きなナッツを山ほどのせる。ランチは抜いていいから、ここで控えめはご法度！

｛ ひとりごと ｝

このピーナッバター、「アリサン」という会社の「有機ピーナッバタークランチ」なんですが、文字通り本当にクランチ。食感が楽しくて、あっという間に食べ尽くしてしまいます（恐ろしい子……）。ナッツバターはね、食べる時は目をつぶってカロリーは無視して。だってもうこれは「おいしいものをおいしく食す」という任務なんですから。

練乳とバターのダブルホワイトトースト

✻

ミルクの甘さと香りが舌の上で徐々に融合

#糖類と脂質　#2秒で手に入る幸福　#ダブルホワイトパンチ　#気は確かですか

いつも冷蔵庫の中の残りもので適当に作る朝のトースト。でも冷蔵庫がすっからかんの日もあります。そんな時こそ、嗜好食品のダブル使用を。バター×練乳とか、バルサミコ×はちみつとか、黒蜜×クリームチーズとか。必要なものはセンスじゃない、度胸だ!! バターをカーラーでけずる時は、冷蔵庫から出してしばらくおくときれいにできます。

recipe

1 食パンをトーストする。どんなパンでもいいけれど、焼き立てをすぐに食べられるように、態勢を万端に整えておく。

2 アツアツのトーストにバターカーラーでけずったバターをどんどんのせる。

3 バターがとけきらないうちに大急ぎで練乳を左右にふる。ハミ出た分はちぎったトーストで拭きながら食べればいい。失敗なんてない。

❖ ひとりごと ❖

ものすごく疲れている時、他人にほめてもらおうとか癒やしてもらおうかと思ってちゃダメなのだと見識のある友人から諭されました。「自分のご機嫌くらい、自分でとりなさい」と。なるほど。一口食べただけでじわじわと心や体に幸せがチャージされる、そんな朝ごパンレシピを2つ3つ持ってるだけで、わりと毎日をご機嫌に過ごせるのでぜひお試しを。

カリ甘ジュワ甘

おさつチップスの黄金色トースト

#三つ子の好物百までも #はちみつは接着剤 #炭水化物の上にあげたイモと蜜

「あげたイモ」というのは、どんなイモだろうが不滅のおいしさ。世界中で愛され、おデブを増やしているあたり、これはもう人類の病気なんでしょうよ、きっと。油たっぷりでさくさくにあげるのではなく、フライパンで熱したバターで超薄切りのさつまいもをあげ焼きにすると、向こうが透き通る美しいものができるので、残ったらおやつにも。残らないけどね……。

recipe

1 食パンを焼く。さつまいもの甘みを受け止めるハードタイプがよし。

2 皮つきのまま薄切りにしたさつまいもを、バターをたっぷり入れたフライパンでカリッとするまであげ焼きにする。

3 トーストの上に2のおさつチップスをどっさり積み、上からはちみつをだらだらたらす。黒ごまをふって香りプラス。

〈 ひとりごと 〉

そんなに甘いもの好きじゃないけれど、朝だけは別で、しょっぱいものより圧倒的に甘いアレンジが多いです。基本的に、焼いた食パンに他のフードをのせる程度だけれど、役立つのがはちみつ。思いっきりかけると食材同士をしっかりくっつけてくれるので食べやすいし、食べる時にだらだらたれます。

カスタードクリームこれでもかトースト

✦

#カスタードクリームという発作　#パン耳の頼もしい包容力　#パン耳ボディビルダーかよ

時々、どうしようもなく無性にカスタードクリームが食べたい！と思う時がある。たいがい、朝です。きちんと作るとすごく手間がかかって大変なんでしょうが、朝だし一人用だし、適当にネット検索して見つけたなるべくかんたんなレシピでチャチャッと作ればそれでOK。たっぷり食べたい時は食パンを1斤買った時の端っこ、耳部分を使うのが推し。がっしりしたボディで大量のカスタードクリームを支えてくれます。

recipe

1 カスタードクリームを作る。どんなレシピでもいいし市販品でもOK。

2 食パンの耳をこんがりトーストする。

3 トーストにカスタードクリームをのせ、レモンをしぼって食べる。途中でカスタードクリームを足すのもアリ。

❬ ひとりごと ❭

トーストアレンジを始めてから、世の中にはなんとたくさんの種類のクリームがあるのかと改めて認識。しかしカスタードクリームの女王感ときたら別格。作り立てのほかほかを使うのも手作りの特権。レモンをしぼると一気にさわやかになるけど、甘さ控えめに作ったカスタードクリームにはちみつをたらす悶絶スイート仕上げもまたいいものです。

パンプキンクリームパンにバナナのっけ

✤

#重量級パンプキンバナナ #でんぷんと糖分 #渾然一体前世兄弟

カボチャの調理法については好みが分かれるんじゃないかと思うが、私は断然、スイーツやパンに合わせるのが好き。扱いが面倒そうだけれど、切ってレンチンすればすぐに食べられるし、少し煮崩せばクリームにも変身するし、さっと少量作れるし最高です。カロリーを怖がらず、バナナものっけてね。口の中でバナナがトロトロクリームに変わる幸せときたら。

recipe

1 カボチャを適量のミルクで煮てやわらかくなったらフォークでつぶす。カボチャをレンチンしてからだと早い。

2 食パン（できれば耳を!）をこんがりとトーストする。

3 トーストが熱いうちに1のカボチャクリームをのせて表面をフォークでひっかき、輪切りのバナナを好きなだけのせる。

〈 ひとりごと 〉

カボチャをレンチンしてからミルクでゆでると、ミルクのみで最初からゆでるよりも時間もミルクも節約できるのでおすすめ。ケチくさいけど、朝ごパンであんまり時間や手間かけるくらいなら寝てた方がマシです。ココナツミルクでやっても抜群のおいしさ!

白味噌たっぷりの柿バタートースト

✤

はんなりした甘じょっぱ

#白味噌がトーストデビュー #和フルーツ #仲人は発酵バター

神戸生まれのくせに、白味噌に対して淡白な感情しか持てない私。お雑煮の時だけ活躍して、あとは冷蔵庫でシーンと出番を待ちながらダメになっていく悲しいヤツ、それが白味噌だったのに、パリ在住の料理研究家が白味噌をスイーツ作りに使うと聞いて開眼！ バター代わりに使ってみると香ばしくてイケる。にもかかわらず、最後に発酵バターどっさりのせてしまうのはなぜなんだ……。

recipe

1 食パンに薄く白味噌をぬり、スライスした柿を並べてトーストする。

2 1が焼き立てアツアツのうちにけずった発酵バターをのせる。

3 殻を取ったピスタチオを指で軽くつぶしながらたっぷりとちらす。

＜ ひとりごと ＞

パリ在住の料理研究家、原田幸代さんからいただいた白味噌は、京都の老舗味噌屋「関東屋」のものでした。白味噌って甘くて使いづらいと思っていたけれど、甘いからフルーツやお菓子との相性がいいのかと納得。特にちょいコッテリ風味のフルーツと好相性です。マンゴーとかバナナとか……。思い立ったら実験です！

バナナときな粉のトライアングルトースト

お口の中
実況中継

ねっとりサクカリ、甘さの多重層

#トライアングル #切れ味萌え #きな粉の雪がふる

バナナのねっとり感って、なんとなく和菓子っぽいよなぁと思うんだけど私だけ？ きな粉はもちろん、黒蜜やしょうゆなんかと合わせてもすんなりハマるバナナ、お見事です。このトーストのおいしさはもう保証付きなんだけど、きな粉をふりすぎるとバナナが見えなくなって、食べる時に喉に詰まって、思いきりむせます。ご注意。

recipe

1 バターをたっぷりぬった食パンをさっくりとトーストする

2 焼けたら、輪切りのバナナをお行儀よく並べ、パンを斜めに切る。

3 きな粉を適当にふって、はちみつを盛大にたらし、ダメ押しでピーナツをちらす。

《 ひとりごと 》

仲良しのインスタグラマー、HIGUCCINIさん (@higuccini) から教わった最も素敵なルールは「切れ味がシャキッとしてるとそれだけで完成度が上がる」。もう、すべての人に試してほしい！ ハミ出たバナナをビシッと切り落としとしてから（落とした分は食べる）、対角線切りをビシッと仕上げちゃってください。

とろとろチーズといちじくのトースト

お口の中実況中継

甘じょっぱにフルーツミックス

#とけたチーズの魔性 #甘じょっぱ #トーストのおふとん #うまさのアリ地獄

シュレッドチーズはピザに使うものだと思い込んでいた。でも！レンチンしたてのアツアツとろとろをこんがり焼けたトーストにたらして、はちみつを合わせるともう、クラクラするような美味。そこに黒こしょうをふると、もう他には何もいらない……と思うくらい。しかし「何もいらない」と言った2秒後にいちじくをのせてしまうのが、#やせたい と万年言い続ける私のサガ。

recipe

1 甘さ控えめの食パンをこんがり気味にトーストする。

2 シュレッドチーズを器に入れて軽くレンチンし、とけたところをトーストにトローリとかける。

3 チーズが固まらないうちに大急ぎでスライスいちじくをのせ、はちみつと黒こしょうを好きなだけふる。

ひとりごと

「とけたチーズ＋はちみつ＋黒こしょう」の方式は、どんな応用も利く万能かよと思い始めています。チーズをエメンタールやブルーチーズにすると、もっと不良っぽさ漂うワインくれよ〜なおいしさになるし、はちみつを黒蜜やマーマレードにしてもまた違った味わいに。この実験、もはやアリ地獄。やめられません。

いちごと金柑の出会い系トースト

✣

#運命の出会い #名残の金柑出会いのいちご #ご成婚オンザトースト

初秋の頃にいい和食店に行くと、「名残のハモと出会いの松茸です〜」などと店主からご説明いただいたりするけれど、私はこの組み合わせにこそ、愛を感じる。金柑といちご。特に、金柑は出回る時期が短いので期間中は存分に楽しみたいんだけれど、いちごが出てくると徐々に「あ、じゃあ私はそろそろ……」みたいな態度に出る。そんな控えめ加減を愛おしく見守る心が、このトーストには詰まっているわけです。

recipe

1 いちごを半割りに、金柑は6つ割りにして種を取っておく。

2 食パンをこんがりとトーストする。焼き上がりがサクッと硬めにね。

3 トーストにクリームチーズをどっさりぬり、いちごと金柑をすき間なく並べ、ダメ押しにはちみつをこってりとかける。

❴ ひとりごと ❵

金柑もいちごもこのままでも十分においしいけれど、より料理っぽいまとまり感ある仕上がりを求めるならば、金柑といちごにはちみつをまとわせて10分ほどマリネすれば、食べる時にもっとなじみがよくなります。そして、金柑＆いちごのはちみつマリネは、単体で食べてもイケるしヨーグルトとも好相性。

バナナサークルのシナモントースト

✤

#リングになったバナナ #永遠を表しているのか #やめられないやせられない

生でも焼いてもおいしい奇跡のフルーツ、それがバナナ。尊敬の念さえ覚えます。そんなバナナは、どんな食材とも仲良くしてしまう不埒な八方美人。大好きなシナモントーストは、通常ならバターどっさりぬってシナモンと砂糖ふって焼いて完成！ですが、砂糖の代わりにバナナとはちみつを投入するとこんな感じ。食後は満腹で動けなくなります。

recipe

1 食パンにバターをぬって、薄くスライスしたバナナをぐるりとサークル状に並べる。

2 シナモンパウダーをたっぷりとふってカリッとトーストする。

3 アツアツのうちに躊躇なく、はちみつをぐるぐるたらり。

{ ひとりごと }

この万能フルーツ、バナナったら、切り方によって食感も自在にチェンジするってサービス過多か。他のフルーツもそうかもしれないけれど、生食でここまでできるのがすごい。ごく薄切りにするとふわふわしたやわらかな食感になるけれど、バナナ感を余すところなく食べたいという場合は、あえてゴツゴツ厚めに切ってみてください。

レモンクリームチーズの背徳トースト

#クリームチーズ使用量限界 #レモン病患者の会 #黄色いものはたいていおいしい

クリームチーズに砂糖を多めに入れて食感が変わるくらいかき混ぜると、なんとなくマットな質感の不思議なクリーム「クリームチーズフロスティング」が完成する。……というのを料理家の大谷宜子さんから教えてもらって以来、何度やったことか。砂糖をはちみつにして、さらにレモン汁まで加えるアレンジがこれ。ぜひどうぞ。後悔させません。

recipe

1 クリームチーズを好きなだけ容器に入れ、はちみつとレモン汁を足して思いっきりかき混ぜ、なめらかなクリームにする。

2 食パンをこんがりトーストする。

3 焼き上がったら、1のクリームを山盛りのせて少し表面を平らにし、ノーワックスのレモンの皮をけずってふる。たっぷり!

❨ ひとりごと ❩

「クリームチーズフロスティング」に対しては、まだまだ言いたい、語りたい。これ、元々はカップケーキとかミルフィーユクレープとかにのせる定番クリームだったんじゃないかと思うんですが、このレモンバージョンも相当イケる。スコーンとかクラッカーとか、もう何にでものせてしまいたい危険度マックス。

いちじくとバルサミコの熟々トースト

✤

#いちじくというライジングスター #使った人からおしゃれ #トレンドフルーツ君臨

皮もむかずにそのまんま食べられる、ものぐさ食いしん坊の助っ人フルーツ、いちじく。熟れたいちじくの食感ときたら、そのまんまクリームみたいにやわらかなので、スライスしてトーストにのせるだけでも十分美味。が、クリームチーズを添えればリッチさが加わり、さらにおいしいのでぜひお試しを。

recipe

1 食パンをトーストする。

2 熟れ熟れじゅくじゅくのいちじくをスライスしてトーストに並べて、ハミ出た端を切る。

3 室温に戻してやわらかくしたクリームチーズをかき混ぜてのせ、バルサミコ酢をツツツッとふる。

❖ ひとりごと ❖

バルサミコ酢って、「買ったはいいものの、数回使ってそのまま残ってる調味料」の筆頭株だそう。そんな人にこそフルーツトーストがあるんだと声を大にして言いたい。たいていのフルーツにババッとかけるだけで、「あれなんかこれすごくない?」という雰囲気の味になるんです。

バナナとチョコのブラック&ホワイトトースト

❊

チューイーな食感にちょい和風甘&カリッ

#チョコレートをペーストにするなんて　#我ながら引くわ　#バナナとの美味対比

チョコレートとバナナ。こんなにも合うなんて、前世は兄弟か恋人か。これほど理由の要らない好相性はないんじゃないでしょうか。なのに、まだ何か足して愛でてみたいと思うのがパン好き魂というものです。だって、きな粉とカカオニブをふったら、急激に大人のオンナみたいな奴に変身したりするんですもん。カロリーのことなら、午前中に食べれば「ケーキ」ではなく「食物」という分類でイケるから安心して。

recipe

1 甘さ控えめの食パンをトーストする。

2 チョコレートのペーストをまんべんなくどっさりとぬる。

3 輪切りのバナナを並べ、「もはやケーキじゃん……」という気持ちを振り払って、きな粉とカカオニブを好きなだけふる。

{ ひとりごと }

年中、「やせたい」と口にしていると、優しくて意地悪な友人たちがいろんなおいしいものをくれます。オーストラリアのウェルネスフードブランド「メルローズヘルス」のナッツバターは、乳脂肪ゼロのヴィーガンとはいえ、壮絶な美味。バターまみれの日々の合間に挟んで、楽しんでます。

桃とバルサミコのせチーズトースト

冷たい桃汁とアツアツチーズの冷暖ジューシー

#チーズトースト無敵論信者 #そして桃 #ピンク色はなにしても勝つ #もはや卑猥

桃について偉大な発見をした。それは、アイスクリームやヨーグルトなんかにかわいく合わせるよりもいっそ、ガリガリした食感（トースト）やしょっぱいコク（チーズ）と合わせる方が、桃のフレッシュさや高貴な香りがもっと立つ！ という事実です。だまされたと思ってどうぞ。しかし桃って存在がヤらしいですよね。果物だから堂々と昼間のスーパーなんかにいられるけど、このしどけなさ、女として見習いたいくらい。

recipe

1 シュレッドチーズをどっさり広げた食パンをトーストする。

2 焼けてまだチーズがとろとろしているところにスライスした桃をのせる。

3 はちみつとバルサミコ酢をたらたらしてから、勢いよくかぶりつく。

❮ ひとりごと ❯

パリ出張から帰国する際、旅を共にした写真家の柳詰有香さんが、羽田に降り立った瞬間に「繭子さんありがとう」とくれた、ボルディエの発酵バターと袋入りシュレッドチーズ。帰国直前に「ボン・マルシェ」で買ったバターを、保冷剤代わりに買った冷凍チーズと共に持ち帰ったんだそうな。7月なのに。クレバーで優しい彼女を改めて大好きになった瞬間。

あんバタートースト焼きバナナのっけ

しみじみ美味に西洋のコクをプラス

#和トーストもいいね #あんこは粒しっかり派 #焼きバナナ

名古屋市民にとってもトーストラバーズにとっても、「あんバターサンド」は特別な存在。いろんなあんこといろんなバターで試しているうちに、だんだん自分好みの「あんバター」が見えてくるものです。あんバターの熟練猛者とでも呼んでください。キモは、もう1品何かをのせること。しっかり焼いて食感と温度をあんこ&トーストに寄せたバナナを食べれば、口の中が楽園になります。

recipe

1 バターをぬった食パンをトーストする。

2 市販のあんこ（粒あんでもこしあんでも）を広げる。

3 半割りにしてじっくり焼いたバナナをドン、ドン。

〈 ひとりごと 〉

フードマガジンでパン特集をやるたび、その時のトレンドの細分化っぷりがすごかった。食べるばっかりで全然流れが頭に入らない私だったけれど、「あんバター」のページの華やかさは今も記憶に残る。あんバターにオレンジマーマレード、あんバターにフルーツなど、たくさんの朝ごパンのヒントを得ました（仕事しろ）。

CHAPTER

③

#チーズトースト

チーズ
発見した人は
ノーベル賞

からし菜ちょいのせ森チーズトースト

❦

#集まれパン好きの森 #からし菜の森 #ベジタブル界のホープ

『ノルウェイの森』を初めて読んだ時って衝撃的じゃなかった
ですか? え、なにこれ、純文学だと思ってたらなんだこのハー
ドなセックスシーンのオンパレード……。以来、「からし菜」
を見ても、その森っぽさに、体内にあるなんかの警報が鳴り
響く気がします。昨今のベジタブル界の中でからし菜がライ
ジングスター的存在で、世界中の気鋭のシェフたちがこぞっ
て使いたがるのは、そのエロさのせいかも（違うかも）。

recipe

1 食パンにシュレッドチーズを広げ、オーブントースターでこんがり焼く。

2 からし菜の葉をつまんでトーストにのせる。

3 お好みで、青みの強いオリーブオイルをだらだらかけてもヨシ。

❨ ひとりごと ❩

からし菜トーストには他に緑色のもあるので、新緑の森トーストが好みであればそちらをどうぞ。さらに、わさび菜、かいわれ大根、フリルレタスなど、ワシャワシャした葉っぱを使えば、このチーズトーストは無限の可能性が。それになんだか、ローカロリーでヘルシーである気さえするんです（希望）。

メルティーチーズとカリカリナッツのトースト

#とろーりの極み #メルティーってステキ #なぜオイルも足すのか #足してしまうのか

チーズトーストといえば、食パンにスライスチーズやシュレッドチーズをのせてそのままオーブントースターで焼くというのが常套手段だったけれど、レンチンしてびっくり。なめらかにとけてまるでクリームみたい。タッカルビの店で見かける、あの罪深い"とろーり"がかんたんに再現できる。ただし、即座に平らげること。あっという間にチーズが固まります。

recipe

1 イギリス食パンのようなさくさく系食パンをこんがりトーストする。

2 シュレッドチーズを耐熱容器にどっさり入れて、レンチンしてとかす。

3 チーズが固まらないうちに1の焼き立てトーストにとろりと流し、砕いたミックスナッツとオリーブオイルをどっさりたら〜り。

石垣島葉山椒のメルヘンチーズトースト

✤

#メルヘンの葉っぱ #チーズトーストの包容力 #南洋トースト完成

目新しい香辛料やハーブ、食材が手に入ったら、とりあえずトーストに合わせて味を試すようにしている私。「こりゃ、ちょいクセありかも」と思った時はチーズトーストに合わせるのがいいんです。だって、たいてい大成功するし、ニューカマー食材のキャラクターもしっかりと味わえるから。石垣島産の葉山椒は、普通の山椒に比べて少しワイルドでエキゾチック。

recipe

1 食パンにシュレッドチーズをどっさりとのせてオーブントースターで焼く。

2 アツアツのところにすかさず葉山椒をつまんで適当にのせる。

3 オリーブオイルをたっぷりとたらして食べる。

❦ ひとりごと ❦

葉山椒に限らず、チーズトーストにぴったりハマるのって薬味野菜やハーブが筆頭株。そのままだと少しクセがあるものもチーズと合わせりゃなんとかなるものです。辛味が気になる場合は、オリーブオイルをじゃんじゃん足せばマイルドになります。カロリーもメガ級になりますが。

ペコロスの如意宝珠チーズトースト

お口の中実況中継

甘さとコクにピリリと辛さ

#如意宝珠にしか見えなくて思わず拝む #マスタードの水玉 #ミニって正義 #こげ目は調味料

ぷりっ子ベジタブル、ペコロス。名前もいいし、なんか存在がかわいいじゃないか、ペコロス。萌えます。シチューなんかに入っているイメージが強いですが、半割りにしてこんがりさせれば、食パントッピングにもナイスな力を発揮。チーズと一緒にのせて焼いてもいいんですが、こげ目がきれいにつかないので、あえて別グリルで焼いて後のせに。

recipe

1 食パンにシュレッドチーズをたっぷりのせて、こんがりとトーストする。

2 半割りにして断面をグリルしたペコロスを、焼き立てトーストにのせる。

3 ペコロスの間にマスタードをチュチュッとのせる。

ひとりごと

かつて撮影でご一緒した〝元祖〟料理タレントの速水もこみちさんは、本当にご自身でなんでも作る方でした(スタッフにその場でパスタを作ってくれたのは、家宝にしたい記憶)。で、「こげ目って調味料だよね」という名言を残された。こげ目って調味料ですよ、みなさん!

ダブルチーズのオニオントースト

とろとろふわふわにオニオンの甘さ

#パルミジャーノの雪がしんしん #ダブルチーズだ #これでもたぶんダイエット食

日頃メガカロトーストばかり食べてる私にとって、これしきのダブルチーズトーストははっきり言ってローカロリー食とも言えます。チーズのこんがり加減に薄切りオニオンの甘味が加わった朝ごパンは、飽きがこないしみじみしたおいしさ。この日はパルミジャーノ・レッジャーノの雪が積もりました。

recipe

1 食パンにシュレッドチーズをたっぷりのせ、薄切りの玉ねぎをのせて焼く。

2 ハミ出た玉ねぎをキッチンバサミで切り落とす。切り落とした分はつまみ食い。

3 パルミジャーノ・レッジャーノをどっさりとけずってふる。黒こしょうも。

〈 ひとりごと 〉

人気のピザで、「クワトロフォルマッジョ」というのがあります。訳すと「4種類のチーズ」という意味ですが、そんなことをしたらおいしいに決まってる。1種類のチーズを使うシンプルなのもいいですが、もし数種類のチーズがあれば、とにかく全部トーストにのっけてみてください。新しい地平線が見えます。

かいわれと小細工トマトのチーズトースト

お口の中実況中継

チーズのコクウマに酸味と辛味

#飲んでる女はスプラウト #レンチンジャム無敵 #なんでものせるよ

チーズトーストに水分の多いフルーツや野菜をのせる時は、少し“小細工”を施さないとチーズの旨味やコクに負けて「ん、なんかこれ水っぽいかも」と感じる原因に。なので、使う前に少し塩や砂糖でマリネするとバランスがよくなるのでぜひお試しを。塩と砂糖をふったトマトをさらにレンチンで温度も上げておくなんて、このアイデア、神だな……。

recipe

1 食パンにシュレッドチーズをどっさりとのせてオーブントースターで焼く。

2 耐熱容器に輪切りのトマトを並べ、ほんの少しだけ塩と砂糖をふって軽くレンチンする。

3 1が焼けたら2のトマトとかいわれ大根をのせ、黒こしょうをふる。

ひとりごと

紀ノ国屋に並んでいるような高級野菜でなくても、ほんの少しだけ塩や砂糖をふっておく「ちょいマリネ」を活用すれば、その辺のスーパーで買うトマトやきゅうりも負けないくらいおいしくなります。野菜や果物をかじった時に「あれ、ちょっと水っぽい」と感じたら、ぜひ試して。なんちゃって高級野菜に変身。

お口の中実況中継

こんがりシャクシャクな旨み爆弾

アナと雪輪レンコンのこんがりチーズトースト

#アナと雪輪レンコンの女王 #雪やこんこん #レンコンフェチのあなたに

冬のとびきり寒い朝にぴったりのチーズトーストといえば、根菜を使うのが正解です。特にレンコン。なんでこんなにおいしいのかよくわかりませんが、チーズとの相性が抜群すぎて、食べるたびに悶絶します。輪切りレンコンは、チーズとは別にフライパンでグリルしてこんがり色を付ける方がより香ばしくてナイスな味わい。

recipe

1 食パンにシュレッドチーズをどっさりとのせ、こんがりと焼く。

2 薄切りにしたレンコンの端にナイフの先でザクザク切り込みを入れて雪輪にし、フライパンでじゅーっとグリルする。

3 1がまだ熱いうちに2を並べ、オリーブオイルをどくどくと回しかける。

ひとりごと

和食の料理研究家、神田賀子さんから教えてもらった「雪輪レンコン」。日本料理では野菜を美しく何かの形になぞらえて切り出す「飾り切り」という手法が多彩で、これもその一つ。ネットで検索すると、「レンコンの飾り切り」というのは他にも多彩なようで、レンコンチーズトーストのアレンジもふくらみそう！

カリフラワーの白いチーズトースト

❊

#カリフラワーの魚拓　#なんだかんだメルヘン好き　#チーズの大地に根をおろせ

チーズトーストにのせてみたら、独特な食感がスペシャルな
アクセントになるカリフラワー。スライサーや幅広のピーラーが
あるなら、極薄切りにして生のままワサワサとチーズトーストに
のっけるだけでもおいしいかも。その場合は、オリーブオイル
を接着剤代わりにどっさりかけるのが正解です!

recipe

1 食パンにシュレッドチーズをどっさりとのせる。

2 1に薄切りのカリフラワーものせてトーストする。

3 焼き上がったら黒こしょうをどっさりとふる。こんがり風味が好きな人は、
　バーナーであぶってカリフラワーにこげ目をつけても。

❴ ひとりごと ❵

カリフラワーが、「え? ブロッコリーと
は違うの? どう食べるの?」って言われ
ていた不遇の時代を経て、ロサンゼルスの
おしゃれなレストランでガーリックとビネ
ガーと共に炒めて出されているのを見た
時は、涙を禁じえませんでした(すぐ拭
いて食べました)。

ピスタチオどっさりのチーズハニートースト

✢

お口の中
実況中継

🎤

甘じょっぱにカリカリをオン

#しょっぱいのも甘いのも人生 #シンプルこそ深い #自分ヨ覚醒セヨ

なんでこんなにチーズが好きなのでしょうか。それはきっと「とけるから」だと思う。とけたチーズの包容力というか安心感ときたら、教育テレビでもアイドルでもやっていける万能タレントのよう。とけたチーズの上にはちみつの甘みをプラスしたら、「食感」でも変化球をということで、ナッツの出番。色も美しいピスタチオをのせれば、適当に作ったとは思えないくらいの至福朝ごパンが完成します。

recipe

1 食パンにシュレッドチーズをどっさりとのせて、こんがり焼く。

2 焼き立てアツアツのうちに砕いたピスタチオを好きなだけのせる。

3 はちみつをだらだら～とかける。遠慮せずどっさりと。

{ ひとりごと }

長い出張から戻った翌朝に食べるのは、たいがいこのようなシンプルチーズトースト。ホットコーヒーをたっぷり準備して、ノロノロちびちび、トーストと一緒に食べるとやる気チャージが完了するの、本当に不思議です。旅先で買ったチーズやナッツを使って、旅情も味わいながら。

パインとソーセージのチーズトースト

✤

甘じょっぱに加わる肉と蜜

#酢豚パイナップルの思い出 #ソーセージの無茶ぶり #グルメ錯乱

チーズトースト×甘酸っぱいフルーツは、はっきり言って最強コンビです。チーズトーストにレモン、チーズトーストにいちご、さまざま試して発見した真実。そしてパイナップル！ 幼少時、酢豚に入っているとムキー！ と怒ったものですが、ガキでしたねぇ……。しょっぱいものと肉、それに甘ずっぱいフルーツというのは極上トライアングルなのだと悟る◯十年後。

recipe

1 食パンにシュレッドチーズを思いきりのせ、パイナップルを並べて焼く。

2 フライパンで輪切りのソーセージを軽くジュジュッと焼く。

3 焼き立てのパンにソーセージをのせ、勇気を出してはちみつをたらす。たっぷりと。

{ ひとりごと }

チーズトーストが大好きですが、こんがり焼き上がったのをぱくついていると、水分量が少なくてコーヒーがぶ飲みしてしまうこと、ありませんか。そういうのを防ぐ意味でも、チーズトーストに水分量たっぷりのジューシーなフルーツを合わせるって、クレバーな選択かと。

水玉グリンピースとミントのチーズトースト

✛

チーズのコクに寄り添う素朴さとさわやかさ

#グリンピースなのかグリーンピースなのか #爆ぜたマメ #グリーンマニア

「まだチーズトーストあるの？」って思うでしょうか。これが最後です！ 最後だから、とっておきのコイツです。グリンピースとミントという、こんなおしゃれな組み合わせを私がいきなり考えつくはずもなく、おそらく海外のクックブック何かで見たものが発想の源ではないかと思われます。こんなおしゃれな組み合わせも、チーズとオイルまみれにしちゃうんですけどね。

recipe

1 食パンにシュレッドチーズをどっさり広げ、グリンピースをバランスよく散らして焼く。

2 焼き上がったら、ミントの葉をつまんでキュートに散らす。

3 全体にオリーブオイルをドバッとかけて、黒こしょうをふる。

{ ひとりごと }

グリンピースとミントは、味だけでなく、ワントーンコーデっぽいビジュアルも最高。『ELLE gourmet（エル・グルメ）』というフードマガジンの編集部にいたのですが、ファッション誌『ELLE』の姉妹誌で、そのため「フードとファッションのトレンドはリンクする」という事実も学びました。なんとなくトレンドも学びました。なんとなくパンでなぞると楽しいです。

CHAPTER ④

#フルーツ平和党
（のせるだけ）

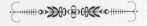

「朝のフルーツは金」
ってことわざ
ありますし

アメチェとブルーベリーのクリームチーズトースト

お口の中
実況中継

すっぱ♡を下支えする悶絶スイート

#トーストだから許される色合わせ　#赤＆紫って　#東京の隅っこで愛を叫ぶ

鮮やかな赤と紫という衝撃的な色合わせ。ネイビー・グレー・黒の服ばかり着ている私にはあり得ないんですが、トーストの上でならいくらでもやれてしまう不思議。日本の高級さくらんぼだともったいないので、安いアメリカンチェリーでやるのがビジュアル的にも味わい的にも正解です。

recipe

1 食パンをこんがりとトーストする。

2 容器に室温に戻してやわらかくしたクリームチーズと砂糖をどっさり入れ、ヘラで思いっきりかき混ぜる。空気を含んでふわんとするまで！

3 1のトーストに2をたっぷりのせ、半割りにして種を取ったアメリカンチェリーとブルーベリーをころころっとのせる。

《 ひとりごと 》

アメチェの種取りって本当に面倒。が、空き瓶の口に一粒置き、上から割り箸をズボッとやって簡単に種だけ取り除く技を発見。ネット動画で見た時は目からマナコが落ちました。アボカドもスイカも、種取り方法には秘儀があります。困ったらネット先生にアスク！

キウイとダブルミルクのトースト

✦

🎤

甘ずっぱを包むミルキー

#乳と乳のダブルユース #乳製品を控えなさいと女医に怒られた #ぺらぺらキウイ

連日のメガカロトーストと比べれば、パンは8枚切りだわ上にはキウイのってるもののパンの地肌見えてるわ、私クラスともなるとこんなの「ダイエット食」に等しい。あまりストイックにおちいるのもなんなので、クリームチーズをぬった上には練乳もどっさりかけました。朝日に輝く練乳は、表面に文様が見えてパール入りのネイルエナメルみたい。あっという間に平らげ、1時間後にはもう空腹。

recipe

1 薄切りの食パンをこんがり色づくまでトーストする。

2 焼けたら対角線で半分に切り、クリームチーズをぬる。

3 皿に重ねて並べ、薄切りのキウイをのせて練乳をだらだらたらす。

{ ひとりごと }

我が家に泊まった義理の父に、翌朝トーストを対角線に切ってバターと共に出したら「なんておしゃれな朝食じゃ」と大喜びしてくれました。三角形になったトーストは持ちやすく食べやすく、見た目もなんとなく違っているので斬新に映るのかもしれません。

りんごとシナモンのどシンプルトースト

✳

#思い立ったらすぐ実験 #トーストラボ #シナモン温活運動

シナモンが冷え性緩和に大活躍してくれると知った冬の寒い日、もちろん実験はトーストの上で。りんごは、こんな縦割りにせずに普通にむいてスライスしてもOKですが、りんごの形がそのままわかる縦割り薄切りもたまには楽しいものです。シナモンもはちみつも、全体にまんべんなくふるのもアリですが、りんごの形がわかるように、あえて横に帯状に。

recipe

1 食パンをこんがりとトーストし、焼けたらすかさずクリームチーズをどっさりぬる。

2 縦半分に切り、薄くスライスしたりんごの種を取り、上にどんとのせる。

3 シナモンパウダーをどっさりとふって、はちみつを盛大にたらーりたらす。

{ ひとりごと }

シナモンパウダー、バター、砂糖の3点セットはまさに鉄板トライアングル。が、そこにフルーツをプラスする、あるいはバターをクリームチーズに変更するとか、砂糖をはちみつにチェンジするとか、そんな"置き換え"で、新しい味が誕生。食いしん坊は実験から始まるのです。

ころころメロンのクリチトースト

✣

#メロンという目覚まし時計　#夏の朝ごパン　#たくさんのマル

いただき物のメロン。メロン！ メロン〜！ 前夜、冷蔵庫に入れた時から心が躍り始めます。翌朝は目覚ましよりも早く起き出して早速これを。クリームチーズをぬったトーストにのせるだけで完成です。メロン様に失礼なので、余計なソースもシロップもなしで。メロンはお嬢様ですから、トーストが少し冷めてからのせる方がいいみたい。

recipe

1 食パンをこんがりとするまで焼く。

2 焼けて少し冷ましたらクリームチーズをたっぷりとぬる。

3 計量スプーンの小さじを使ってメロンの果肉をくるんと丸くぬき、トーストに積む。

❮ ひとりごと ❯

ちょっとしたギフトによく使うのが計量スプーン。だって、いくつあっても便利じゃないですか？ 料理中、何度も洗うのが嫌で、うちのキッチンにも5セットくらいの計量スプーンがありますが、丸っこい形のものはメロンやマンゴー、スイカをくりぬくのに超便利。ソーダに入れればおしゃれドリンクが完成します。

白味噌バターのフィグトースト

✳

#パリいちじくの底力　#隠し味は白味噌　#パリに食パン輸出が夢

パリ在住19年になる料理家の原田幸代さんは、マルシェの達人。パリジェンヌや町の料理人よりもあらゆるマルシェに精通していて、行くたびにおねだりして朝のマルシェ巡りに同行させてもらいます。そんな原田さんから教わったのが、黒いちじくのおいしさと白味噌使いの妙。バターと合わせると和菓子の「松風」っぽくなるので、ぜひやってみてください。

recipe

1 食パンをこんがりとトーストする。

2 焼き上がった瞬間にすかさず、バターと白味噌をたっぷりとぬる。

3 ボートカットにした甘み強めのいちじくを行儀よく並べる。

ココア風味バナナのオセロトースト

✳

#オセロだわ #バナナの行儀よさ #激甘注意

Googleで「糖分 朝」と打ちこんで検索すると、「朝いきなりはダメ!」「朝なら採ってヨシ!」と、いろんな意見があって混乱しますが、私は後者を支持することにします。朝ならいいでしょ、だってハードな1日を乗り切るのに必要じゃん。オセロ仕上げなんてどうでもいいという人は、粉糖の代わりに全面にココアパウダーをふるのもアリです。

recipe

1 食パンをこんがりとするまでトーストする。

2 焼けたらすかさずミルクジャムをぬって、輪切りのバナナを並べる。

3 上から粉糖をふって一部のバナナにココアパウダーをふる。

❬ ひとりごと ❭

バナナとチョコレートの組み合わせは最強ですが、オイリーな要素を増すとさらに罪深い美味に。もしあなたがカロリーなんて気にしない勇者であるならば、食パンをデニッシュ系に変えてみてください。狂おしい味になります。

丸ごと桃のセジュワジュワトースト

ジューシーさと香りの凝固体

#トーストが皿代わり #文字通りジュワる #おなかダボダボになるけどね

桃の薄切りをぐるりきれいに並べたのを見るだけでテンション上がるという人は、おそらく「フルーツ平和党」党員です。男も女も関係ありません。桃の皮がきれいにペロリとむけるくらい熟したものを使うのが正解。スライスする前に思わずかぶりついてしまったとしても、まぁ、正解……。

recipe

1 食パンをこんがりとトーストする。焼き上がってもバターは我慢。

2 皮をむいて薄切りにした桃をサークル状に並べる。

3 少し水切りしたプレーンヨーグルトとはちみつをどっさりとのせる。

〈 ひとりごと 〉

焼き立てのトーストは非常に水分を吸うので、のせるフードの水分でグシュグシュにならないようにいつも大量のバターやオリーブオイルをぬりますが、逆に、トーストとフードの渾然一体感を楽しみたいと思うのであればバターは不要。もしくはバターを後のせにするのも手です。

モッツァレラとブルーベリーのコロマルトースト

✿

#食べる時に大慌て #転がり方ハンパない #はちみつは接着剤

「フルーツ平和党」党首として断固言いたいのは、すっぱいフルーツを用いる時はクリームなりチーズなりシロップなりを、遠慮せずにバンバン合わせちゃった方がおいしいということ。ヘタに「わー、ヘルシー……」と乾いたハートで食べるストイックトーストより、あきらめてメガカロリーを食らう方が、精神的にはヘルシーです（きっぱり）。

recipe

1 食パンをこんがりとトーストする。

2 焼けたら、チェリーモッツァレラとブルーベリーをころころどっさりと積み上げる。

3 はちみつをたっぷりとたらす。ケチるとまとまらないのでたっぷり。

{ ひとりごと }

「チェリーモッツァレラ」というのは、なんでしょうか。チーズの本場にはそもそも、存在するのだろうか？ 使うたびにいつも思いつつ、フルーツトーストにこのまん丸なチーズを合わせると抜群にルックスキュートとなるので、いつも首を傾げながら使ってしまいます。

ダイスカット柿のチーズトースト

✤

しんみりコクウマにジャパンの甘み

#柿がカムバック賞　#おばちゃんからトレンドセッターへの転身　#しかもヘルシー

柿なんてダサいと思ってたのに、TVの情報番組で、柿がいかにヘルシーで美容にもいいかみたいな内容を延々と伝えているのを見て、速攻影響される意志薄弱っぷり。ですが、フレッシュの柿の優しい甘さと控えめ加減は、チーズトーストと合わせると熟年夫婦みたいにしっくりくるので驚きます。はちみつで甘さを足して、最後に黒こしょうでビシッとしめて。

recipe

1 どっさりとシュレッドチーズをのせた食パンをこんがりトーストする。

2 サイコロに角切りした甘い柿を、食べにくさは無視してどっさりのせる。

3 はちみつと黒こしょうをたらたらとふる。

❴ **ひとりごと** ❵

子どもの頃は苦手だった柿が、英語で「パーシモン（persimmon）」といい、近年ガストロノミーシェフから重宝されているのを目の当たりにし、コロッと好感度株価ストップ高（ちょろい）。パーシモンってオイ、フランスの愛人か？トーストにはフレッシュもいいし、干し柿でもいろんな合わせ方ができます。

2トーンぶどうのシャキシャキトースト

✳

#進化系ぶどう #常備フルーツ #シャキシャキ食感のフェチ

ぶどうって、昔は本当に食べにくいフルーツだったと思うんですが、今や種はないわ皮を気にせず食べられるわ、とっても便利＆美味。楽ちんフルーツチームの代表選手的存在で、季節が来るとフルーツ平和党としては常備薬かというくらい、冷蔵庫の定位置を誇る存在となります。食感シャキシャキタイプの種なしぶどうは、クリームチーズやマスカルポーネと合わせて楽しむと、なかなかオツ。

recipe

1 食パンをかなりこんがりめにトーストする。

2 数秒レンチンしてやわらかくしたクリームチーズを分厚く（ここ大事！）のせる。

3 ぶどう（種なし）をクリームに埋めるようにのせ、はちみつをだらだら〜。

〈 **ひとりごと** 〉

この手のぶどうは野菜のように扱うのも手。半割りにしてサラダに入れると、ワインのお供に最高！トーストに使うのであれば、クリームチーズではなくカッテージチーズにして、バルサミコをたらしてみても♡　もうこれなら、炭水化物じゃなく、ほぼサラダとして扱っていいですよね。

❓ パンをおいしく保存するためにどうしていますか?

前職のフードマガジン編集部に在籍してた時代、部内の"粉もん担当"が教えてくれたのが、①食パン1枚、ミニパン1個を丁寧にペーパータオルで包み、②さらにそれを丁寧にぴったりとラップして、③冷凍庫へ、という方法でした。以来、ハムスターが頬にひまわりの種詰めるのと同様の熱心さで実践中です。が、早く食べ切るのが一番。

❓ やせたいのですが、どうしたらいいですか?

なんで私に聞くんですか? もう何年も「#やせたい」とつぶやき続けている私に? わけのわからないダイエットアカウントから勧誘メールがじゃんじゃんきます。先日はジムのインストラクターさんに「やせたいのですが」と相談したところ、「パンをやめましょう。今日からパンはお菓子だと思ってください」と言われ、卒倒しそうになりました。でもやめられず、毎朝"お菓子"を食べ続けています。

COLUMN ✦ Q&A

\ 教えて! /

パンや撮影のこと

❓ バターカーラーで上手にけずるには?

バターを冷蔵庫から出して少し置いてから使えば、くるりんとかわいいカールバターになります。それに、うまくいかなくったっていいではありませんか。「練習」と称して、いつもの何倍ものバターを摂取する言い訳になります。

❓ センスよく盛るコツは?

「センス」という言葉を忘れることです、たぶん。あと、私の場合は技術がないので、それをごまかすべく、海外のカジュアルな料理ウェブサイトをいっぱい見てます。アメリカの「Sweet Paul」やオーストラリアの「donna hay」は、"雑カワイイ"の宝庫! パクる、いえ、オマージュを捧げたい盛り方が満載です。

❓ トーストを食べると、朝からお酒が飲みたくなりますが、どうしたらいいですか?

飲みましょう。飲みたくなるようなトーストを作ってる時点で、自業自得です。飲んで出社したらクビになるという人は、せめて不埒な食材を使うのをやめましょう。経験から言うと、くっさいチーズ(青カビとか発酵進みすぎてるタイプとか)、アンチョビ、シャルキュトリを使うと、「あぁ、ワイン……!」となる率が高いです。

❓ 家族がごはん派です。私はパンを食べたいのです…

一緒の朝ごはんをとらないからといって、勘当されたり離婚されたりすることはありません。なので、納豆ごはんをぱくついてる家族のそばで、遠慮なく好きなパンを食べましょう。もしくは「時差朝食」がおすすめです。自分一人でゆっくりとコーヒーを淹れ、焼き立てのパンを頬張る時間の幸福度は、北欧の人にも負けません。その代わり、休日ランチや夕食など、仲良く一緒に食卓を囲む時間も作ってくださいね。

❓ はちみつのたらし方がうまくいきません。

私、実のところ、はちみつを「たらしたい」なんて思っていません。本当は全面をたっぷりとはちみつでコーティングしてしまいたいくらい、はちみつを愛してる。が、そうするとカロリー爆発、経済破綻となるため、仕方なくはちみつを「たらして」いるわけです。うまくいかないのであれば、いっそ全面コートすればよいではありませんか。もしくは、たらす際に「はみ出て上等!」くらいの覚悟をもってはちみつが入っているボトルをふりふりすることです。皿からはみ出るくらい元気よくたらせば、カッコよくなります。あふれた分は、パンか指でなめちゃってください。

❓ 食べ物の写真を上手に撮るコツは?

プロの料理カメラマンがどんなふうに撮っているかというと、「おいしそう!」っていう言葉を連呼する気がします。裸の女の子の写真を撮る怪しいカメラマンのごとく、「いいね!! なんておいしそう! ああ早く食べたい!」みたいな感じで、料理を称賛しまくって撮影しているような。あと、自然光で撮るとか、横に食材を転がしたりしないとか。

＃フルーツ平和党

（いたずら済）

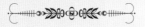

すべて愛しい
悪ふざけは
フルーツがする

焼きみかんドンのトースト

✥

#グリルドシトロン #みかんは英語でサツマ #ブラックとピンクのダブルペッパー

あまりにも身近すぎるニッポンの果物、みかん。でも、かんたんに皮がむけるわ甘いわいくらでも食べられるわ栄養価高いわルックスグッドだわで、最近では海外で人気だそうな。みかんを焼いてアツアツにする「ホットみかん」は、味わいがちょっと洋酒っぽくなって面白く、トーストとも相性抜群。だまされたと思ってやってみて。

recipe

1 食パンの上にシュレッドチーズをどっさりのせてこんがりとトーストする。

2 みかんの輪切りをフライパンでじっくりと焼く。皮つきのまま焼いて後から外すと楽。

3 焼き立てのトーストにみかんをドンとのせて、黒こしょうとピンクペッパーを散らす。

《 ひとりごと 》

「柑橘類を焼く」のを初めて目撃したのはシドニーでした。家族とケンカした勢いで飛び出した一人旅（反省してますごめんなさい）の先は、朝食カルチャー全盛のグルメタウン。サンドイッチやサラダ、肉料理の横に、こんがり焼かれた柑橘が添えられているのが本当におしゃれで。以来、すっかりハマって今に至ります。

ジンジャーパインの香りチーズトースト

✳

#トースト界に押し寄せるミクソロジーの波　#調香師っぽくないか　#パインにいたずら

「フルーツ平和党」の党員であればもはや、炒めパイナップルなど珍しくもなんともないと思いますが、そこに香りを加えるのはどうです!? フルーツにもいろんな種類がありますが、パイナップルってまさに「香りの果物」。甘いのに高貴、トロピカルなのにどこかクラシックなパインの香りに、ハーブや香味野菜で"いたずら"する悦楽、お試しを。

recipe

1 食パンをこんがりカリッとトーストし、クリームチーズを少々控えめにぬる。

2 フライパンに、バター、千切りしょうが、一口大に切ったパイナップルを入れて軽く炒める。

3 トーストの中心にパイナップルをのせ、ミントを散らしてはちみつだらー!

{ ひとりごと }

パイナップルについては語りますからね。複雑で哲学的で実験的なカクテル、「ミクソロジー」の世界でも、こいつは人気者。ジャンルは違うのに似た方向性のフードがあるんですよね、たぶん。パイナップル、緑茶、ジュニパーベリー、カルダモン、しょうがあたりの香りは腹違いの兄弟的に団結しています。

少しひんやりで食べたい桃トースト

✣

#桃トーストの掟 #食べた人から福来たる #存在そのものが幸せ

お口の中
実況中継

ノーブルでさわやかなジューシーの塊

桃トーストを食べる際にはいくつかとても大切なポイントがあるんです。①トーストがある程度冷めてからクリームチーズをぬること（桃との一体感アップ）。②合わせるドリンクは絶対に紅茶を選ぶこと。③はちみつで手がベットベトになるけど気にせず一気に食べること。この3つです、以上。ピスタチオをのせたけど、ナッツならなんでも合います。

recipe

1 食パンをこんがりとトーストし、焼けたらそのまま冷ましておく。

2 常温に戻してやわらかくしたクリームチーズをぬり、よく冷えた薄切りの桃を重ねて並べる。

3 はちみつをどっさりとかけて、ピスタチオと黒こしょうをふる。

❴ ひとりごと ❵

ふだんはコーヒー党ですが、桃が絡むと話は別です。桃には紅茶。異論は認めません。料理家の友人、小平泰子さんがご自身のインスタグラムで「桃のアールグレイ葉マリネ」を投稿しているのを見た時は、「この人、一生友達！」と感動。そのくらい、桃と紅茶の関係は、誰にも邪魔できない神聖なものだと思うのです。

モザイクりんごのシナモントースト

✣

#朝のりんごは金のりんご #廉価版りんごの底力 #準じて椎名林檎も神

乙女趣味の母はよく、「朝のりんごは金のりんご♡」「秋になるとマスカットグリーンの服が着たくなるの♡」と言っては、娘（私）を震え上がらせたものでしたが、そんな記憶や教育が今の私を作っているんだねぇといろんなトーストを食べるたびに思います。りんごとバター、シナモン、はちみつというのもその影響か。懐かしく、心にしみ入るうまさです。

recipe

1 食パンをしっかりこんがりするまでトーストする。

2 フライパンにどっさりとバター、いちょう切りのりんごを入れて炒め、火を止める直前にシナモンパウダーを絡める。

3 トーストの上に2を並べて余ったこがしバターを余すところなくたらし、さらにはちみつをだらだらとたらす。

{ ひとりごと }

「朝ごパンの準備」は、はしょれるものは全部はしょってしまえば、案外楽チンです。私の場合は「果物の皮むき」を極力はしょる。さすがにバナナやグレープフルーツを皮ごと食べる野性と根性はないのですが、りんごや金柑、いちじくなど、「皮ごとOKフルーツ」を多用することでフルーツトーストはお手軽になります。

あえてパン耳の大人レモントースト

✤

#すっぱさで顔が勝手に筋トレ #ジャムで中和するシステム #黒こしょうは大人の階段

料理家の友人が多いのですが、みなさんまるで天使か親戚のおばさんのよう。会えば、お手製のコンフィチュールとか栗の渋皮煮とかラッキョウとかを恵んでくださるので、何も作れない私はただただ恐縮（でももらう）。おいしいミルクジャム（これももらった）をこぼさずたっぷり食べるには、少し反った形のパンの耳部分が最高。甘さに対抗するため、激すっぱい生のレモンとパンチある黒こしょうをどっさりのせて。

recipe

1 食パンの耳部分（必ず）をこんがりとトーストする。

2 ミルクジャム（またはカスタードクリーム）をどっさりとのせる。

3 ごく薄切りにしたレモンを並べ、黒こしょうをどっさりとふる。

{ ひとりごと }

「柑橘類は皮がうまい」というのに気づかせてくれたのも、長く在籍したフードマガジン『ELLE gourmet』でした。ゼスト（zest＝皮）を用いる料理家やシェフのなんと多いこと！ 大胆にかぶりつくと顔がクシャクシャになるくらいすっぱかったり苦かったりするので、けずったり極薄切りにするのがおすすめです。

ブラッドオレンジのシュガートースト

✤

#グラフィックフルーツ #ミニナイフはトースト遊びの友 #断面にホレる

「シュガーコーティング」っていうのは、おしゃれな顔したクッキーをお化粧しているあの色とりどりのあいつです。普通は粉砂糖を水かレモン果汁でとくらしいんですが、オレンジ果汁でやってみたら、少しキャラクターの濃いシュガーコーティングが完成。そして、オレンジって丸のまま見るよりも、断面を愛でる方が断然いいですよね。「私、脱ぐと自信あります」系フルーツの代表格です。なにそれ。

recipe

1 食パンをこんがりとトーストし、少しだけ冷ます。

2 粉砂糖をブラッドオレンジの果汁少々でといて、1のトーストにぬる。

3 ごく薄切りにしたブラッドオレンジを上に並べ、ハミ出た分をペティナイフで切り落とす。

{ ひとりごと }

冷蔵庫の責任を自分で負うようになって気づいたのは、「おいしい消耗品はある日突然なくなる」という事実。朝キッチンに立ってガーン！となる経験を幾度も経て、「バターがなけりゃ、他のものぬればいいじゃないか」と気づきました。シュガーコーティングも、急場しのぎで発見。強くなったもんです。

半割りさくらんぼのサラダトースト

❉

#ヒマ人の朝食　#飾りじゃないのよピンクペッパーは　#オリーブオイルは鮮度命

「今日は朝、ゆっくりだから」という余裕ある日、またはマリー・アントワネットのような貴族のためのトースト。というのも、さくらんぼを半割りにして種を取る作業が、結構面倒だからです（アメリカンチェリーの種取りは瓶を使えば簡単と後日発見。P.56参照）。でも！種や軸を気にせずムシャムシャ一気に食べるさくらんぼの贅沢さときたらもう最高です。

recipe

1　食パンをこんがりとトーストする。

2　さくらんぼを半割りにして種を取り除き、オリーブオイルと和えてトーストにどっさりとのせる。

3　さらに追いオリーブオイルをたらりとふる。ピンクペッパーを指でつぶしながら散らす。

❴　ひとりごと　❵

レシピの中に「塩、こしょう」とあった場合の「こしょう」とは、何を指すのか。非常に大きな問題です。黒こしょうを使うか、白こしょうを使うか、それともミックスなのかで味わいが全然異なるんです。さらにこのピンクペッパー！辛みはなく香りが立つので、指でつぶして添えるとさらに美味。

レモンジャムと黒こしょうのチーズトースト

お口の中実況中継

すっぱさの後に甘さと旨さで癒やされる

#KALDIにレモン党員いるでしょう疑惑 #井之頭五郎並み空腹感 #軸つき黒こしょうのメルヘン

たまにしおらしく夕食を控えめにしたり、早い時間に終えたりすると、翌朝は空腹で目が覚めたりする。なんて健康的なんでしょうね。こんがり焼けたトーストにクリームチーズと甘くないレモンジャム。すっぱいだけのコンビは空腹にはちょっとハードなので、はちみつの甘さと黒こしょう粒ごと使いのスパイシーインパクトで、攻める朝ごパンの出番です。

recipe

1 食パンをこんがりとトーストする。

2 常温に戻してやわらかくしたクリームチーズをたっぷりとぬり、さらにすっぱいタイプのレモンジャムを山ほどのせる。

3 中和すべく、はちみつを思う存分かけ、黒こしょうを散らす。

ひとりごと

スーパーマーケット巡りが大好きだけれど、「KALDI」ほど不思議な存在はないと思います。特に興味深いのは異常に豊富なレモン関連商品の品揃え。KALDIのウェブサイトで「レモン」と検索すると、2ケタを超えるアイテムが出てくるって何一体⁉ バイヤーさんにレモン病患者が多数潜んでいるんでしょうね。

あんぽ柿の刺激チーズトースト

❊

#クリーム代わりのあんぽ柿 #くっさいチーズほど愛おしい #朝のため息

実家から大量のあんぽ柿が届く。いつも思うけど、母というものは娘の胃袋をゾウくらいデカいと考えているんでしょうか。仕方がないのでトーストにオン。こんなにとろりんとなるなんて、先に申告いただけます!? というくらい魅力あふれる食感だし、ブルーチーズと合わせると、「夜、白ワインと一緒に食べりゃよかった!」という美味になります。

recipe

1 イギリス食パンをかなりこんがり気味にトーストし、焼けたらオリーブオイルをたらたらっとたらす。

2 短冊切りのブルーチーズを好きな量のせる。多すぎると朝から顔むくむ。

3 ピスタチオを少し散らす。

◊ ひとりごと ◊

あんぽ柿って、海外の人はどう思うんでしょうね? ナツメヤシがとろとろになったら、こんな感じかなと思うし、このヘルシーさと甘さは、マンガやラーメンのように世界を制してくれる?……と思っていたら、始まっているようです、世界進出。アラブの富裕層に輸出されているんだとか。がんばれ、あんぽ柿。

とろとろあんぽ柿のピーナツバタートースト

✣

#ほぼあんこ #便秘吹っ飛びフルーツ #食感フェチの大好物

あんぽ柿。特にこのくらいゆるゆるトロトロになるともう、「クリーム？ あんこ？」と思ってしまうほどです。これまた罪深い発酵バターをどーんとのせたら、あえて対極にある食感のアイテムをプラスするのが掟。あんぽ柿＆ピーナツなんて、昭和な組み合わせながら、バタートーストに合わせると新しい味！

recipe

1 イギリス食パンをこんがりとトーストする。

2 ゆるゆるにやわらかいあんぽ柿をトーストにのせてナイフで切り込みを入れてから広げ、分厚く切った発酵バターをどんとのせる。

3 ピーナツをばらばらとふる。

〈 ひとりごと 〉

甘いもの好きとか激辛がたまらんとか、フェチもいろいろですが、食いしん坊たちとの間でよく話題になるのは「食感のフェチ」。ねばねば、クチュクチュ、とろとろ、さくさく……。あなたにもあるのでは？ ちなみに私はカリカリ推しなので、引き立てるためにあえてとろんとしたものを組ませるのが好きです。

金柑どっさりモッツァレラチーズトースト

✳

#なんでもピザ化計画 #金柑がおいしいと大人の始まり #はちみつ画伯

フルーツをトーストのアレンジに使う時、面倒ならとにかくピザ仕上げにすれば間違いはないです。特に柑橘類! レモンピザトーストもおいしいけれど、金柑だけに許されたこの苦さと香りは、冬季限定ラグジュアリーとしか言いようがありません。はちみつを山ほどかけないとこの味は完成しないので、ダイエットはあきらめて、かけて!

recipe

1 食パンの上にモッツァレラチーズをどっさり敷き詰める。

2 4つ割りにして種を取り除いた金柑を適当にのせてオーブントースターで焼く。

3 はちみつをかける。たくさんの方がおいしいので、ためらわずに。

《 ひとりごと 》

チーズはいつから、「ないと生きていけない」とか「買い忘れると死にたくなる」とか、そんな存在になったのでしょうか。謎です。が、今や私もチーズ狂、安価なシュレッドチーズを使うことが多いんですが、たまにモッツァレラチーズやチェダーチーズでチーズトーストを作ると、味わいの違いにびっくりワナワナします。

レモンうろこのジンジャーチーズトースト

✤

すっぱ！の奥にある極楽旨み

#レモン青海波 #レモン病患者 #うろこ模様が好きだ

レモンチーズトーストをやりすぎて、もうどうやってもおいしくしかならないのか！とやけになりそうな気さえします。このレモンうろこのチーズトーストは、ふと思いつきで、焼く前にしょうがのしぼり汁をたらしてみたもの。いつものレモンチーズトーストに、また新たな世界が開けた感。いくらでもいたずらのネタを思いつくレモンチーズトーストって、偉大です。

recipe

1 食パンにどっさりとシュレッドチーズを敷き詰める。

2 その上に半分に切った薄切りレモンを並べ、しょうが汁をたらっとふってトースト。

3 はちみつをとろーりたっぷりとかけ、黒こしょうをガリゴリ。

{ ひとりごと }

料理の撮影時に何を学ぶかというと、レシピとか食材の知識はもちろんなんですが、料理家やスタイリストのふとした小ワザがすごい。「食材を切る時の薄さで、食感も味も変わる」というのも、なるほど発見でした。レモン、めちゃくちゃ薄切りにすると皮つきでも割と抵抗なく食べられるようになるのでぜひ。

はちみつレモンのバタートースト

✤

#鬼にアイアンバー #はちみつレモンは飲むのではなくトーストで #幸せ完全食

「はちみつレモン」と聞くと今でも高校時代の部活動（剣道。しんどかった）を思い出し、反射的に喉が渇きます。死ぬほど運動した後に飲むのもおいしいけど、バターを山ほど合わせてトーストにのせる方が、背徳感も幸福感も5割増し。レモンをけずってのせれば、栄養学的にはダメでも幸せ完全食といえましょう。

recipe

1 食パンをちょいこんがりめにトーストする。

2 アツアツのうちにバターをたっぷりとぬって対角線上に切る。

3 はちみつをたっぷりたらし、レモンの皮をけずってどっさりぱらり。

〈 ひとりごと 〉

「BALMUDA」のオーブントースターのせいで朝のトーストがおいしくなり体重も増えました。ものすごくおいしく焼けるのがいいけれど、パンが変わればこげ目が変わるというのが当たり前ながら不思議。高級パンよりも、スーパーで買う食パンの方がきれいなこげ目が入るので、こげ目礼讃派ならあなとれません。

オレンジレモンのダブル柑橘トースト

✻

#柑橘食べすぎてイエローフェイス #オレンジ三日月 #柑橘ダブル使い

買いすぎたオレンジが傷み始めたら、消費促進活動スタート。トーストってこんな時、本当に役に立ちます。だってなんでも受け止めるんだもの。そしてクリームチーズとオレンジの相性をグッとよくしてくれるのは、はちみつ。なので遠慮せずにどっさり使って（こればっかり言っている気がする）。レモンの皮を散らすと、香りが華やかになるのでぜひ。

recipe

1 イギリス食パンをこんがりと焼いてクリームチーズをぬる。

2 皮をむいて内皮も取り除いたオレンジをランダムに並べる。

3 はちみつをどっさりとたらし、ノーワックスのレモンの皮を散らす。

{ ひとりごと }

オレンジって意外に皮をむくのが面倒だし難しいよなぁと思っていたのですが、ナイフを使えばかんたん。「オレンジ ナイフ むき方」でGoogle先生に聞けば、山ほどいろんな方法が出てきます。「処理がかんたん」→「消費量アップ」となるので、ビタミンが足りない人は、まずはよく切れるペティナイフをゲットすべし。

お口の中実況中継

旨さと脂に酸味がブワッと

とかしバターのレモンバルサミコトースト

#液体バターもまた至福 #レモンをけずるための道具 #かぶりつけ誰も見てない

バターについてどれだけ考えたことがありますか？　私など、ダイエット中ともなればずっとバターのことが脳裏を駆け巡っているような気がします。大好き。冷たい個体のまま食べるのもいいけれど、とけかけのバターのおいしさをたっぷり味わうなら、このトーストが推し。背徳感にフタするかのように、レモンとバルサミコ酢のダブルの酸味をドバッとかけます。

recipe

1 さくさくタイプのイギリス食パンをこんがりとトーストする。

2 ダメ！っていうくらいバターをのせて、じゅわっととけたところにノーワックスのレモンの皮をガリガリとけずってのせる。

3 バルサミコ酢をたらたらっとたらす。

ひとりごと

右下に添えたこの、金属製の〃孫の手〃みたいなこれ、「柑橘類の皮をけずる道具」です。ちゃんと名前もあって「レモンゼスター」というそうな。撮影の時に料理家の坂田阿希子さんが使っているのを見て感動し、その場でこっそりAmazonポチしてゲット。皮けずりにしか使えません、という潔さがたまりません。

#パンという包容力

何があったって
受け止めてくれる

ホタルイカとアスパラガスのラピュタパン

#最初アニメの悪役名かと思ったアヒージョ #ホタルイカラブ #なんでものせてくれとトーストが言うから

いつ頃からおしゃれ居酒屋の定番になったのだろうか、アヒージョ。小さなフライパンにたっぷりのオリーブオイルと刻みにんにくを合わせ、好きな具材を入れてゆっくり火を通すだけなのに、「早くワイン持ってきてぇ〜!」的な美味に変身するのがすごい。バゲットを浸して食べるのがアヒージョゆえに、トーストと合わないわけがないんです。

recipe

1 スキレットに刻みにんにくとオリーブオイル、ホタルイカ、卵、アスパラガスを入れて火にかけ、じわじわと熱を入れてアヒージョにする。

2 食パンをこんがりとトーストし、1をのせる。

3 粗挽きの黒こしょうをぱらぱらっとふる。

{ ひとりごと }

目玉焼きをきれいに仕上げるのって、本当に難しい。今まで何度作ったかわからないけど、つぶれたり黄身が端に寄ったり、まるで運勢占いのようです。スキレットで他の食材も使うという時は、ぐるりと端に縁を描くように具材を入れ、最後に中心に卵を落とすと、比較的きれいな仕上がりに。比較的ですが。

愛でるパクチーチーズトースト

#パクチー二期作　#春もうまいが秋もうまい　#直売所で買う主義

「パクチニスト」という言葉まで生んだ、突発的なパクチー大ブーム。近所の野菜直売所では、花束かというくらい大きな包みでパクチーを売ってくれるけれど、その後我が家はパクチー消費活動で食生活がめちゃくちゃになります。えい！っとチーズトーストにものせてみたら、ものすごくおいしかったので、パクチニストの皆さん、ぜひどうぞ。

recipe

1 イギリス食パンにエメンタールチーズをのせてこんがりとトーストする。

2 パクチーを枝ごと、アツアツのところにのせる。

3 オリーブオイルをたらりと回しかけ、黒こしょうをふる。

{ ひとりごと }

枝つき野菜って、枝ごと愛でるとまた違う面白さや味わいがあるもんです。このパクチーも、葉っぱだけつまんでのせるよりも、ぐんとワイルドな風味になってちょっと驚いたのでした。パセリの枝を細かく刻んでトッピングにしたり、ブロッコリーの軸の部分も一緒にゆでたり、いろいろ実験中。

黒豆のツートーントースト

✳

#おせちに飽きたらトーストだよね　#黒豆はスイーツ　#黒と白

自分では作れないので、年末になると実家の母にせがんで送ってもらう、黒豆。おせちを食べなくなって久しいというのに（だって温かいものが食べたいんだもん）、黒豆だけは例外なのは、いろんな食べ方ができるからだと思います。つやつやした黒と練乳の優しい白のコントラストがきれいなこれ、お正月シーズンに食べるトーストの定番になりました。

recipe

1 食パンにバターをぬってシナモンパウダーをふり、トーストする。

2 黒豆をバランスよく並べる。

3 練乳をたっぷりとかける。たっぷりと。

《 ひとりごと 》

黒豆の食べ方って、トースト以外にも結構あります。バニラアイスクリームにトッピングなんかすると、もう最高においしい。あんぽ柿の小さく切ったものと黒豆をピックに交互に挿してピンチョス風にするとか、おしゃれすぎて気恥ずかしくなるけど、これもまた美味。いろいろやっちゃってください。

2色ズッキーニのチーズトースト

✻

#山ほどのマル #ズッキーニはカボチャの親戚 #いくらでものせろ俺が受け止めるとトーストが言うから

ズッキーニはどう見ても "ルックスライクきゅうり" なのに、実はカボチャの仲間です。少し火を通すだけでおいしく食べられるので、朝食の食材としてはまさに理想的。オリーブオイルをたっぷりふらないと、はがれて食べにくくなるので、安心してどっさりお使いくださいね。

recipe

1 食パンにシュレッドチーズをどっさりと広げる。

2 薄く輪切りにした黄と緑のズッキーニを、バランスよく適当にのせて、トーストする。

3 オリーブオイルをどっさり回しかけて、黒こしょうと、ちょっと塩もふる。

〈 ひとりごと 〉

基本、冷蔵庫の残りもの食材を使う場が朝のトーストです。というのも、ものすごく残量が少なくても立派に役に立つから。このズッキーニトーストも、使用量なんてごくわずかです。夕ごはんの時「あとこれだけなら食べちゃおうか」と思わず、翌朝のトーストに愛の手を。

ジャガクミンのチーズトースト

✳

#接着剤代わりのチーズ　#いつか飼う犬の名前はクミンと決めてる　#あげないポテチ

じゃがいもというのも、なぜかトーストと異常に相性がいい罪なやつです。接着剤代わりにチーズをのせた食パンに薄切りジャガをのせて焼けば、ジャガパン完成。ですが、そこにクミンの香りと黒オリーブの塩味を加えることで、ジャンキーテイストがいきなりカッコいい味わいに変わるの、感動的ですらあります。もちろん炭水化物on炭水化物ですが、この場合のパンはおふとんなので気にしないで。

recipe

1 食パンにシュレッドチーズをどっさりとのせる。

2 ごく薄切りにしたじゃがいもを重ねながら並べ、黒オリーブの輪切りとクミンを散らし、オーブントースターで焼く。

3 オリーブオイルをどっさりと。クミン好きならパウダーで"追いクミン"を。

〈 ひとりごと 〉

老若男女、みんな大好きポテトチップス。家で自分好みに作ることだってできるんです。スライサーで薄ーく切ったじゃがいもをごま油でカリッとあげ焼きにする「和チップス」や、あげずに硬く焼いて薄焼きせんべいみたいにするのも美味。にんにくスライスも一緒にあげ焼きすればガーリック風味になるし、お試しを。

ギリシャ愛あふれるジャジキトースト

❋

#食後30分でおなか空くから #ギリシャ気分 #旅の思い出をトーストにのせて

昔、マダム雑誌の編集部にいた頃は、コルシカ島だのアマルフィだのと、訳わからない楽園に取材に行かせていただいたものでした。中でも楽園度が高かったのがギリシャのサントリーニ島。そこで出合った、野菜とヨーグルトをぐしゃぐしゃと混ぜて塩味をつける「ジャジキ」にハマり、今もたまに恋しくなってこのようなものを作る次第。

recipe ————————————————

1 食パンをこんがりとトーストしてバターをジャジャジャッと薄くぬる。

2 カッテージチーズをたっぷり盛り、サイコロ状に切ったきゅうりをのせる。

3 ハーブソルト（なければ塩）と黒ごまを適当にふる。

《 ひとりごと 》

はかない味同士を組み合わせる時って、どうしても仕上がりが物足りなく感じて調味料を入れすぎるのですが、そういう時は味の代わりに食感を足すのも一案です。黒ごまを用いましたが、砕いたナッツとかクラッカーをふっても、きっとおいしくなるはず。

ちょい和風ラペチーズトースト

#ごま油で和風キャロットラペ #ほぼサラダ #朝でも夜でもおいしいやつ

小さい時、あれほど嫌いだったキャロットラペを、今はハァハァ言いながらモリモリ食べている。味覚って、なんでこんなに変わるんでしょうね。エイジングの魔力。少し蒸した千切りにんじんに塩こしょうをして油で和えるキャロットラペ。油をオリーブオイルではなくごま油にすると少し和風になるんですが、ごまの香ばしさとチーズトーストがまた、最強マッチング。

recipe

1 小さめの食パンにシュレッドチーズをどっさり盛ってトーストする。

2 オリーブオイルではなくごま油を仕上げ油に使って和風キャロットラペを作り、トーストにどっさりとのせる。

3 ピスタチオを砕いてパラパラとふる。

ちりめんじゃことスナップえんどうのサラダトースト

✲

#スナップえんどうの割り方に萌え #萌えは常にディテールに宿る #和パン

和っぽいアレンジトーストをムシャムシャしているといつも思うのは、「トーストってすごい包容力だよなぁ」ということ。ちりめんじゃこ＆スナップえんどうをトーストで受け止めるのはアリながら、じゃあ、白いごはんにバターとオレンジマーマレードをのせたら、おそらく地獄絵図ですもんね。ちりめんじゃこを食パンと一緒に焼くと、かなりカチカチになるのでご注意を。

recipe

1 食パンに柔らかくしたバターとオリーブオイルを混ぜたものをぬり、焼く。

2 ちりめんじゃこをどっさりと敷き詰め、さっとゆでて半割りにしたスナップえんどうを並べる。

3 好みでオリーブオイルをふり、黒こしょうを散らす。

{ ひとりごと }

ちりめんじゃこは、干してる派かしっとりしてる派かといったら、私は絶対に前者です。しかし、大人になってこのおいしさも今ではわかる。しっとりジャコのおいしさ、大人になって人間丸くなったので、しっとりジャコのおいしさも今ではわかる。生食パンでこのサンドイッチを作るなら、しっとりタイプを使って、オリーブオイルの代わりにマヨネーズをセレクトしてくださいね。

春らんまん菜の花チーズトースト

✳

#弥生トースト決定版 #菜の花かわいさ #チーズのこげ目にはあらがえない

どうですかこれ、菜の花と黄色いドットなんて、ものすっごい美人にしか許されない特権かと思いきや、トーストなら許されるんです。ホロ苦い菜の花も、チーズのコクで受け止めて、トーストで中和すれば口の中いっぱいに春の味です。はぁ天国。そう、天国は、海外リゾートや美しい自然にあるんじゃないんです。目の前の皿の上にあるんです。

recipe

1 食パンにとうもろこしのペーストをぬり、プロセスチーズを千切ってのせ、こんがりとトーストする。

2 さっとゆでた菜の花の花の部分をつまんで、バランスよくのせる。

3 オリーブオイルをだらだら回しかけ、黒こしょうをふる。

《 ひとりごと 》

ブロッコリーとかカリフラワーとか菜の花とか。もじゃもじゃふさふさ系の野菜って、部分だけを切り取ってみると、「なにこのビジュアル！」となることが結構あります。菜の花って、花部分だけをつまんでみると、エディブルフラワー感満載、いきなり素敵な見た目になります。いろんな使い方ができそう。キュン♡

CHAPTER ⟨7⟩

#いちごという病

手が勝手にカゴに入れてる

即席いちごキャラメル風トースト

お口の中
実況中継
🎤 苦甘とろ〜ん

#いちごの裂裟着たトーストがいます　#炒めいちごの粒感　#甘ずっパラダイス

元同僚のグルメ男子はマスカットが好きすぎて、「スーパー
で並んでるのを見ると、もう無意識でカゴに入れちゃう」と言っ
てました。万引きか。が、気持ちはわかる。私もいちごに関し
ては同様です。炒めいちごはよくやるのですが、火を通す時
間によって、形をほどよく残したり、とろりと半分とかしたり、ぐ
ちゅぐちゅソースみたいにしたりと自由自在。そしてどれも最高。

recipe

1 食パンをこんがりとトーストする。

2 小粒のいちごをバターと砂糖でサッと炒め、くたっとなったらバルサミコ
　酢を少々ふってトーストにドバーッとのせる。

3 ヨーグルトを少量、バランスよく散らす。

〈 ひとりごと 〉

炒めいちごは、見た目はいちごのコン
フィチュールっぽいのですが、明らかに違
うのがバルサミコ酢の力。これを加えるこ
とで一気に別物のおいしさになります。い
やもうすごいんですってば。バルサミコ酢
がちょっと苦手という人は、レモンで試せ
ばコンフィチュールに近い味に。

スライスいちごとカカオのバタートースト

✳

#上のいちごに顔があるとフォロワーさんが発見 #心霊いちご #カカオニブ効果

食感フェチなら感涙もののいちごトーストです。だって、バターのジュワといちごのジュワがダブルでのってて、さらにカカオニブのカリッカリ感が噛むたびに口中を駆け巡るんですもん。やめろもう助けてくれ。食感をまとめあげてくれるはちみつは、遠慮せずにたっぷりと使いましょう。

recipe

1 食パンをトーストして、バターをたっぷりザクザクとぬる。

2 薄切りにしたいちごを並べてのせる。

3 どっさりはちみつでコーティングして、カカオニブを散らす。

〈 **ひとりごと** 〉

友人の子どもが「あまおう」を食べないと聞いて驚愕したことがあります。理由は「真ん中に空洞があるから」ですって。気にしたことなかった！あまおうだろうがとちおとめだろうがスカイベリーだろうが、どんないちごも愛してやまない私。いちごの上にいちごはおらずその逆もしかり。

炒めいちごとクリームのトースト

✤

お口の中
実況中継

🎤

ジューシー甘ずっぱにクリーミープラス

#ミニパンは並べて1枚と換算　#炒めいちご汁多め　#アクセントカラーが白

バターを使わない、という重い決断を下したら、それでもおいしく食べるために砂糖は多めに使ってしまう。永遠にダイエットできないわけです。炒めいちごだけでも十分においしいのだけれど、彩りや完成度をワンランクアップするなら、やはり生クリームもたらしてしまう。おゆるしください。

recipe ▶

1　小さな食パンを2枚、こんがりとトーストする。

2　フライパンにいちごとちょっと多めに砂糖を入れて炒め、火を止める直前にバルサミコ酢を少々入れてかき混ぜる。

3　皿にトーストを並べた上に炒めいちごを汁ごとのせ、生クリームをたっぷりたらーり。

〈　ひとりごと　〉

トーストアレンジがマンネリ化してきた〜と思うなら、土台（トースト）にひと工夫することをおすすめします。ミニ食パンを並べるのでも気分が変わるし、食パンならスティック状に切ってから焼くなとすれば、こげる面が増えるので食感もチェンジ。こうやって永遠のループにはまっていく、それがトースト……。

とろろんいちごとマスカルポーネのトースト

✢

#レンチンいちご #液体と化したいちごの美味 #ロールシャッハいちご

レンジでチンするいちご、レンチンいちご。バターと一緒にフライパンで炒めるのも絶品ですが、油を使わないのでこれはこれで素のいちごの味が際立ち、甲乙つけがたいのです。しかも、チンタイムを長くすればこのようにどろりんと形をなくしてしまうのもまた楽しい。いちごって、女性みたいだなって思うんです（あ、正気です）。だって、生のピチピチゴリゴリでも、ジュクジュクデレデレになってもおいしいから。

recipe

1 食パンをこんがりとトーストする。

2 キャーっと一気にかき混ぜてふわふわにしたマスカルポーネをのせる。

3 いちごときび糖を耐熱容器に入れてくたくたになるまでレンチンし、マスカルポーネの上にドバッと広げ、シナモンパウダーをふる。

{ ひとりごと }

ここではマスカルポーネを使いましたが、他にも「使う前にキャッとかき混ぜると、一気においしさが倍増するもの」は多々あります。クリームチーズ、水切りヨーグルト、バターなどがそう。白っぽいのが多いの、不思議。室温に戻して小さめのゴムべらで、気にやるのがコツです。

いちごカルダモンのバタートースト

#いちご実験室 #いちごの仲人務めます #お相手はカルダモン

冬、果物売り場がいちご色に染まり始める頃、毎朝うちのキッチンはいちご実験室と化します。なんでこんなにおいしいの。いちごは単体でもおいしいけれど、スパイスやハーブ、調味料などとのマッチングを考えだすと、もう止まらない、いちご地獄の始まりです。カルダモンの高貴な香りとの相性は抜群！罪悪感にさいなまれつつ、バターは厚盛りです。

recipe

1 食パンをこんがりとトーストする。

2 耐熱容器にいちごとブラウンシュガー適当量、カルダモンを合わせて1分ほどレンジにかける。

3 アツアツの状態でトーストにドバッとのせて、分厚く切手大に切ったバターをどんとのせる。

{ ひとりごと }

意識高い系の人からは電子レンジ多用を怒られちゃったりしそうですが、朝のバタバタの中ではやはりレンチンって便利です。耐熱容器にフルーツと砂糖を入れてチンすれば、あっという間になんちゃってコンフィチュールの完成。いちご、ブルーベリー、レモンなどが向いてるみたいです。

怖いものなしのいちごクリームトースト

✳

#食べる時の顔は女失格　#いちごジュースをトーストに　#朝からホイップの塊

生クリームを使ってお菓子や料理を作ることはしないくせに、トーストにはのせたくなるのが不思議です。ちょっと硬めに仕上げるのが好みですが、それというのも最後に形が整えやすくなるから。スプーンの先でくるくるしてもいいし、フォークでひっかいて筋状の模様をつけるのも楽しいです。

recipe

1 食パンをこんがりとトーストする。

2 砂糖適量を合わせてホイップした生クリームをどっさりとのせ、スプーンの先でくるりと渦を描いて整える。

3 ブレンダーにかけたいちごをその上にだらっとたらす。

〈 ひとりごと 〉

朝のスムージー用に作られた小さめのブレンダー、というのがいっときものすごく流行りました。まだ家にある？ あれ、「ちょっとだけフルーツソース」を作るのにとっても役に立ちます。フルーツソースに向くのは、いちごが筆頭。あとはキウイもなかなかイケます。

いちごバターのココナツトースト

✼

#バターを食材と思い込む勇気　#バターがいちごに応戦　#ラーメン並みカロリー

バターをケチるくらいなら、昼も夜も抜いて朝のトーストにドカ盛りしたい……と、本気で思います。バターはとかしてもこがしても美味ですが、ひんやり冷たいそのまんまをチーズのごとく食べる時って、幸せでクラクラしません？　私はします。いちごのジューシーな酸味とはもうゴールデンコンビ。ダイエットを中断してでも試す価値ありです。私はします（きっぱり）。

recipe

1 食パンをこんがりとトーストし、ななめにカットする。

2 カットしたトーストを1枚置き、切手大のバターを3枚と、半割りにして油なしで炒めたいちごをどっさりとのせる。

3 ココナツファインをパラパラとふって、もう1枚のトーストを添える。

❝ ひとりごと ❞

アレンジトーストの世界にも「名脇役」っていうのがたくさんいて、ココナツファインなどはその代表格だなぁと思います。あまりにも地味で控えめなルックスなのに、これをふるだけでグッと味わいをトロピカルなベクトルへと牽引する実力派。製菓用食材を扱う店で売られているので、のぞいてみてくださいね。

いちごとチョコフレークのミニトースト

お口の中実況中継

甘いガリガリをジューシー酸味が包む

#バレンタインデーの朝ごパンに #食べる時のぐちゃぐちゃ加減すごい #食べる音もワイルド気味

バレンタインデーの朝ごパンを意識。あの時期になると「日本初上陸!」とか「セレブ御用達!」とか、そんな言葉に踊らされるのはなんでなのか。つきあいの長いカップルに提案したいのは、朝ごパンにチョコ盛りする技。チョコフレークそのままだと食べにくいことこの上なしなので、とかしバターで和えるのがポイントです。

recipe

1 小さめの食パンを分厚くスライスして、こんがりとトーストする。

2 チョコフレークとレンジでとかしたバターを和えて、半割りにしたいちごと共にトーストにもりもりザクザク盛る。

3 粗挽き黒こしょうをぱらり。

ひとりごと

いちごが好きすぎ、トーストにのせる時はつい「どうやったらかわいいか」を優先してしまいますが、忘れてならないのは「いちごは丸い」。刻むとか半割りにするとかしないと、結局食べる時に皿の上でバラバラに。いちごと相談しながらカットを決めてくださいね(美容院か)。

あまおうと黒蜜のもこもこ紅白トースト

すっぱすっぱトロじゅわ、あら甘い？

#あまおうの丸こさに親近感 #白いもっこもこにも親近感 #どこからかじるんだよ

「いちご×クリーム×シロップ」というのは、もうどうやったって
おいしいに決まってるので、せめてクリームやシロップで冒険
や実験をするのがおすすめです。クリームチーズはヨーグルト
を混ぜればタポタポもこもこの酸味系クリームに。あえて砂糖
を入れないのは、最後に罪悪感なくどっさりと黒蜜をたらす
ためです。ちょい和風な味わいに。

recipe

1 イギリス食パンをこんがりカリッカリにトーストする。

2 半分に切ったいちごをトーストの上にドカ盛りする。転がってもいい。

3 ヨーグルトとクリームチーズを混ぜたふわもこクリームをどっさりのせて、
　黒蜜をたらたらとたらす。

《 ひとりごと 》

シュッととがったスカイベリーやアイドル
のように可憐なとちおとめ、いちごにも
いろいろあるけれど、「みんなちがって、み
んないい」。金子みすゞ。あまおうのとすん
とした安定感や、しっかりした甘みには、
どうしようもない親近感を覚えます。

いちごと金柑どっさりのバタートースト

✼

#旬かぶりフルーツのコンビネーション #いちごと金柑が結婚 #最強タッグ

いちごラバーズにとって、年末から2月頃にかけてのいちごの時期は心が躍りっぱなしですが、そこに金柑が登場するともう大変です。一緒にしたらどうなる？　と思ってやってみたのがこれ。水分と甘さが勝負のいちごと、苦味が持ち味の金柑。合わさるとまるで香り高い別物のフルーツのよう。

recipe

1 食パンをトーストし、焼き上がる直前にバターをたっぷりとのせ、ジュワッととけてきたらそのままバターナイフでザクザクと全面にぬり広げる。

2 くし形に切ったいちごと金柑（種を取る）を流れが揃うようにトーストの上に並べる。

3 カカオニブを横一文字にたっぷりと散らす。

{ ひとりごと }

焼き立てトーストにまんべんなくバターをぬるのって、実は難しい。バターが冷たいとバターナイフが引っかかってパンの表面を傷つけるし、ゆるすぎると全面にいきわたる前にしみ込んでしまうから。室温でゆるくするのも手ですが、トースターで焼き上がる直前にポンとバターの塊をのせると、かんたん。

酒かす練乳といちごトースト

✲

#トーストがいちごの帯しめて #アダルト練乳 #遊べトーストトランポリンの上で

酒かす入りのミルクジャムというのをいただき、こりゃもういちごの出番! と早速。酒かすはほぼ健康食品ですから(私調べ)、あまりストイックになりすぎるのもなんなので、トーストにはバターをたっぷりとぬって準備万全です。いちごは酸味のフルーツなので、甘くないパンに合わせるにはやはり思いきった量の"甘いもの"を添える方が絶対においしいです。

recipe

1 食パンをこんがりとトーストしてバターをたっぷりとぬる。

2 半割りにしたいちごを中央に並べる。

3 酒かす入りのミルクジャム(なければ練乳)をいちごの部分を狙ってたっぷりとかける。

〈 ひとりごと 〉

朝のアレンジトーストには練乳やはちみつを合わせると最高。そのまま使うととっても素直な味わいだけど、何かを合わせてチョイ変させると、わーなんだこれという新しい甘みの誕生。「酒かすミルクジャム」は既製品ですが、練乳にきな粉を混ぜたり、はちみつに果汁を合わせたりすると面白いのでやってみて。

炒めミニいちごの黒ソーストースト

✤

#赤と黒のスタンダールトースト　#バルサミコで書道　#ミニいちごにラブ

いちごを炒めて"火を止める直前"にバルサミコ酢をふる
「炒めいちごのバルサミコ」がこんなに美味なら、炒めいち
ごの"火を止めたその後"にバルサミコ酢をふるとどうなる
んだろう？　という、何の意味もないけど突き止めずにはいら
れない、私のいちご研究心。後者の方がバルサミコ感が強
く、黒蜜の甘さが加わってちょうどよい味でした。

recipe

1 食パンをこんがりとトーストする。

2 小さめのいちごをたっぷりのバターと一緒にフライパンで炒める。

3 トーストに炒めいちごをころがし、バルサミコ酢と黒蜜を勢いよく線を描
　くようにふる。

{ ひとりごと }

アレンジトーストの仕上げにソースやは
ちみつをふる時、勢いよくやった方が面
白いビジュアルに仕上がります。なので、
仕上げ時の皿はまな板の上に置くのが
正解。周りに飛び散っても気にならない
し、ハミった分はなめちゃってください。

この本に出てくるトーストをジャンル別にランキング♪

①

泣くほどおいしかった

P.31

カスタードクリームこれでもかトースト

カスタードクリーム好きにとってこれは、
合法麻薬みたいなもん

②

見た目と味のギャップがある

P.25

セサミはちみつのマーブルトースト

しょうゆがシロップに変身し、
練りごまが口中をコートする

③

意外とカロリー低い

P.124

レモンジャムとコーンドビーフの
オープンサンド

だってレモンジャムは甘くないし、
コーンドビーフ赤身だし

④

やせる気がする

P.19

リボンきゅうりのボーダートースト

教えてくれたスタイリストさんは
ほっそり美人

⑤

気軽にできる

P.16

崩しコーヒーゼリーの生食パン

焼かなくていいし道具も要らないし

⑥

お泊まりの朝に彼に出したい

P.127

ラディッシュスプラウトどっさりの
ラピュタパン

健康気づかってるフリと、「もぉ〜、ほっぺたに
卵の黄身がついてるよ♡」ができる

⑦

見た目がかわいい♪

P.15

いちごとマスカルポーネの無敵トースト

ただでさえかわいいいちごが、
ソースの照りで色気倍増

⑧

食べた時に「私、天才かも」って思った

P.69

ジンジャーパインの
香りチーズトースト

パインにしょうがを合わせるなんて、
私ってヤツは!

⑨

ベストオブいちごトースト

P.94

即席いちごキャラメル風トースト

世界中に広めて戦争をなくしたい

⑩

明日世界が終わるとしたらコレ食べる

P.112

バナナクリームの背徳トースト

滅びゆくバナナを食べながら
滅びゆく地球を愛でる

CHAPTER ⑧

#ナンジャコリャ!

見た目
地味だけど
死ぬほどうまい

こんがりごまブラウントースト

✢

こんがりの上にこんがり、またこんがり

#こんがりスパイラル #幾重にもこんがり #こげ目パラダイス

何度も申し上げるのですが、「こげ目は調味料」です。こがしバター、こがしシナモン、こがしごまがトーストの上でくんずほぐれつ親交を深めるこのトースト。一見、なんじゃこれ？ という地味さですが、本当にびっくりするくらいおいしいのでぜひやってみてください。

recipe

1 食パンに、室温に戻してやわらかくしたバターをたっぷりとぬる。

2 シナモンパウダーと金ごまをたっぷりと全面にまぶす。

3 オーブントースターでこんがりと焼く。焼き上がりをすかさず味わうこと。

❴ ひとりごと ❵

初めて手にした料理本は、確かスヌーピーと仲間たちがアメリカの素朴な料理を紹介するというものでした。その中で紹介されていた「シナモントースト」が、人生初のトーストアレンジ。食パンにバターをぬって、シナモンパウダーとグラニュー糖をまぶして焼くだけのレシピで、このごまトーストもその流れです。

スイートホワイトトースト

お口の中実況中継

地味ウマクリーミー&トロピカル

#パン耳のクルンに女子を感じ #ホワイトラブ #白いイヌみたい

ココナツウォーターだとさわやかさが立ち、ココナツミルクだとクリーミーマイルドになり、乾燥して砕けばさくさく食感が楽しいパウダーになる。ココナツの縦横無尽な活躍ぶりに敬意を表します。パンの耳を焼いて残りもののホイップクリームをのせるだけだと全然ダメなのに、そこにココナツファインをのせると、「地味なのになんだかとっても心に残るひと」みたいな味になるので、ぜひ一度トライして。

recipe

1 食パンの耳（なければ普通の食パンでも）をこんがりとトーストする。

2 ガツンと砂糖入りのホイップクリームを中央にタプタプと置く。

3 クリームとトーストを覆うように、ココナツファインをたっぷりかける。

ひとりごと

食パンの耳をトーストするとクルンと丸まって適度な硬度もあり、まるでボウルのようになります。なので、流れそうなものをのせるのに最適。シチューとか、あとはめくるめく生クリームとか。生クリームとココナツなんて、ツインテールと白ワンピくらいあざとい組み合わせですが、もちろん美味なのでお手上げです。

月曜朝の手抜きパワートースト

✽

#なんでもけずっちゃって #ピーラー頼み #バターはどこへ消えた

レストランで料理が運ばれ、ウェイターさんがトリュフやチーズとピーラーを片手にテーブルに現れ、料理の仕上げとしてシャッシャッてけずってくれるあの瞬間。「ストップって言ってくださいね」と言われることがありますが、あれ、つらくありませんか？「永遠に続けてください」と言いたいのを堪えて、止めてもらう……そのフラストレーションを月曜朝のパルミジャーノ・レッジャーノけずりで憂さ晴らしするわけです。

recipe

1 食パンにナイフの先で切り込みを入れてこんがりとトーストする。

2 焼き上がったらすかさず中央に切手大の分厚いバターを置く。

3 ピーラーでパルミジャーノ・レッジャーノの塊をけずってたっぷりと散らす。黒こしょうもわさっとふる。

❰ ひとりごと ❱

家にピーラーかおろし金があるなら
ば、高いチーズに手を出してみるべきで
す。価格にはちょっとイラッとしますが、
きれいにけずれるピーラーやおろし金が
あれば、一気になくなりはしません。お
中元とかお歳暮にも、私ならパルミジャー
ノ・レッジャーノの塊を選びたい。長い間、
何度も「あぁ繭子、感謝！」と思っても
らえるお得な品かと。

格子切りのバターシナモントースト

✤

#冷静と情熱の間 #6枚切りと5枚切りの間 #果てしないディファレンス #8枚切りはないも同然

年中「#やせたい」とつぶやいているくせに、ついに5枚切りに手を出してしまった。罪悪感にさいなまれつつ、ガブっとかじりつく分厚いトーストのおいしさときたら天国の最上位モデルか。切り目を入れるだけで、こんがりとこげ目がいきわたるのか、すごくおいしく焼けます。

recipe

1 厚切り食パン（5枚切り以上の厚さを推奨）にナイフの先で切り目を入れて、こんがりと焼く。

2 焼き上がりにシナモンパウダーときび糖をまんべんなくふる。

3 中心にきれいに切り揃えた分厚いバターをどんとのせる。とけ始めたところにかぶりつく。

《 ひとりごと 》

食パンは、買ったその日と翌日は常温に置いたままですが、以降は1枚ずつペーパータオル＆ラップで包んで冷凍庫に入れるのが鉄則だと、『ELLE gourmet』編集部の粉もん担当が教えてくれました。冷凍食パンにもいいところがあって、焼く前にバターをぬったり切れ込みを入れる作業が非常に楽になります。

お口の中実況中継

とろーんにゅるんに熟した甘さ

バナナクリームの背徳トースト

#マジで腐るよ5秒前のバナナ #完熟バナナの上をいく #なんでもブイーン

Netflixはハマるドラマがいっぱいですが、食番組もすごく面白いコンテンツが満載。番組名を忘れたけれど、アメリカで大人気のスター・パティシエ、クリスティーナ・トシが「完熟バナナよりおいしいもの、それは腐りかけのバナナよ!」と言うのを見て思いついたのがこれです。死の直前に奇跡の円熟を見せるバナナを生クリームが助け、猛烈においしいバナナクリームに。死にそうになります。

recipe

1 食パンをかなりこんがりめにトーストする。

2 完熟マックスのバナナと生クリームをブレンダーでブイーンする。

3 トーストにドバ〜っと広げ、カカオニブを山ほどふる。

ひとりごと

バナナって、「出世魚」みたいです。イナダ→ワラサ→ブリとなるように、硬くさわやかな味から、徐々に甘みを増してやわらかく成長。が、今回使ったのは、皮が真っ黒で「早くこれ捨てて!」と家族から言われそうな瀬戸際バナナです。中はとろとろで香り高く、勇気を出して捨てずに食べた自分をほめたたね。

ザクザクこんがりココナッツトースト

お口の中実況中継

あらがえないザク甘

#トロピカルこんがり #懐かしのココナッツサブレ味 #ほぼおやつ

日清シスコの「ココナッツサブレ」、あれ、発売デビューは昭和40年なんですってよ。なんというロングセラー！ 人気の理由を推測するに、「茶色いから」だと思われます。茶色いものはおいしい、茶色いものは正直。そんな銘菓をトーストでも再現したのがこれ。かんたんすぎて、手順3はありません。

recipe

1 食パンに室温に戻してやわらかくしたバターをたっぷりとぬる。

2 ココナッツファインときび糖をたっぷりとふってこんがりと焼く。

3 終わり。食べるだけ。

ひとりごと

ロングセラーをトーストでパクる、いえ、「オマージュを捧げる」というのは、非常に楽しいトースト遊びです。「ココナッツサブレ」もそうですが、他にもできそう。かっぱえびせんトースト、のり塩チップスのトースト、エンゼルパイトーストなど。「ボンタンアメ」も、ペースト状で発売されたら速攻でトーストにぬりたい。

お口の中実況中継

和根菜の甘みにエスニックアクセント

金時にんじんのキャロットラペトースト

#お雑煮そんなに食べられるか #関西雑煮の名脇役 #縁起物トースト

実家のお雑煮といえば白味噌丸餅、祝大根、金時にんじんと、白いお汁に丸いものがいっぱい入っているのがルールでした。東京に暮らしてもうずいぶん経つのに、いまだに年末にはお雑煮用の金時にんじんを送ってくる母め。「ちゃんと作りよ！（関西弁）」という無言の圧力に逆らって、エスニックトーストにしてしまう親不孝をお許しください。

recipe

1 食パンをこんがりとトーストしてバターをたっぷりとぬる。

2 金時にんじんを薄い輪切りにしてサッとゆでるか蒸すかし、少々塩をしてペーパータオルで水気を切り、オリーブオイルで和える。

3 トーストに金時にんじんをどっさりとのせて、クミンを散らす。

ひとりごと

ここでもピーラーが大活躍。特ににんじんときゅうりには重宝します。輪切りも、ピーラーを使えば向こうが透けるほど薄切りにできるので、調子にのってこんなにたくさんやっちゃうわけですね。細長い金時にんじんは、ピーラーで縦にけずって赤いリボン状にしても、また楽しいラペが完成します。

ゆるゆるスイートポテトトースト

❉

#いも栗南京というDNA #イエローの渦に飲まれよう #スプーンについたクリームをなめる時の至福

最近はスーパーマーケットにもなぜか焼き芋マシンが置いてあって感動します。大きいのを買って思う存分食べて欲求を満たしたら、明日の朝ごはん用に少しだけ取っておいて。ミルクか生クリームと一緒に攪拌すれば、泣くほどおいしいおイモクリームが完成します。ゆるめに作るのが好み。

recipe

1 食パンをこんがりとトーストする。

2 焼き芋にミルクか生クリームを合わせてブレンダーでブイーンする。

3 トーストの上にのせてお箸の先でぐるぐると模様を描き、はちみつをたっぷりたらしてカカオニブをふる。

《 ひとりごと 》

愛用しているブレンダーは、BRAUNのハンドブレンダー。取っ手の握り具合で回転の強弱をつけられるのですこぶる使いやすいんです。ゲットした時は、さぞかし今後は凝った料理を作るんだろうね私、と思ったものでしたが、結局パンにのせるクリームばっかり作っているよね。

ゴールデンタイガートースト

✳

#黄金色のめでたき朝　#飾りじゃないのよウコンはハッハー　#タイガース感

「生ウコンを混ぜたゴールデンハニー」なるものをいただいた。本来は体の調子を整えるのに使うらしいけれど、「新物はトーストで試す」のが私の掟です。味を見極めるため、アツアツではなくちょっと冷ましたトーストで実験。ウコンってカレーのために存在するもんだとばかり思ってたけど、はちみつに合わせると、トーストを素敵な味に変化させてくれる効果を発揮。生ウコンで作るのが理想だけど、パウダーウコンでも。

recipe

1 食パンをこんがりとトーストして少し冷ます。

2 室温に戻してやわらかくしたクリームチーズをまんべんなく塗る。

3 ターメリックパウダーを混ぜたはちみつをたっぷりかけて、バルサミコ酢をふり、砕いたアーモンドを散らす。

❪　ひとりごと　❫

私が自信を持って作れる料理といえばカレーくらいですが、そのためのスパイスがキッチンにはぎっしり。カレーのスパイスって、3種類くらい混ぜたあたりからカレー風味になるんだけど、単一使いだと個性が際立ち、おもしろい。ターメリック（ウコン）ははちみつに混ぜる他、泡立てたミルクティーにふっても美味。

チョコレートパフのきな粉トースト

✣

ジュワッとバターに甘さとカリカリ

#チョコレート銀河 #ようこそここへ食べよパラダイス #きな粉舞い散るので呼吸禁止

きな粉がキッチンにあると、何かと便利です。「あんなの、モチかあんこくらいしか合わせるものはないでしょう」と思ってたらもったいない！ あの素朴な風味、甘いものと合わせるとなんでもおいしいんです。チョコレート、はちみつ、クリームなど、バタ臭い顔したフードともぜひ合わせちゃって。

recipe

1 イギリス食パンに、室温に戻してやわらかくしたバターをたっぷりとぬってからトーストする。

2 焼き上がったところに茶こしを使ってきな粉をまんべんなくふる。

3 チョコパフとピスタチオをたっぷりと散らす。息を殺して食べる。

❬ ひとりごと ❭

朝起き抜けに適当に作るトーストアレンジですが、きな粉や粉糖を使う時だけはちょっと気が抜けません。あまりにおいしそうなルックスに興奮して鼻息荒くすると、ぶわっと粉が周りに舞い散り、テーブルが悲惨な状態に。茶道だと思っておごそかにお召し上がりください。

チーズとデーツのしましまトースト

❋

#グリルパンでパンを焼き　#ボーダートースト　#こげを見える化

最近、「おしゃれな意識高い系って、食パンを、トースターではなくコンロや網で直焼きしている？」という発見があり、負けじとやってみたのがこれです。BBQで使うグリルパンにのせて焼いてみたら、こんなに楽しいストライプが！ しかし、焼くのにものすごく時間がかかります。それだけはご覚悟を。

recipe

1 グリルパンに、溝が斜め向きに当たるように食パンを置き、じっくりと両面を焼く。

2 焼けたら縦4等分にザクッと切り、多少不揃いになるように皿に並べる。

3 マスカルポーネをスプーンでベーッとぬり広げ、デーツのシロップ（なければはちみつでも黒蜜でもなんでも）をたらし、カカオニブを少しふる。

〈 ひとりごと 〉

私の愛用グリルパンは、STAUBの鋳物ホーロー製の平たくて大きなやつです。赤身肉とかカボチャを焼くとかっこいいアレ。食パンも焼けます。焼き目を確認しようと途中で持ち上げてしまうと、同じ焼き目のところに戻せなくなるので注意。匂いや時間を推し量って、えいやっと思いきるしかありません。

ビーツのスパッタリングトースト

❖

#スパッタリング #ファッションと食のトレンドはリンクしてる #クリエイター気取りでどうぞ

色の濃いシロップとかペーストを手に入れると、トーストにどう引き合わせてやろうかウッシッシ……と思わずにはいられません。ビーツのペーストは自然な甘みがあってとっても上品。器やファッションの世界で大人気の「スパッタリング模様」を、トーストの上で再現。キッチンは飛び散ったペーストやヨーグルトでくちゃくちゃになりますが、それがなんだっていうの。

recipe

1 食パンをこんがりとトーストする。

2 室温に戻してやわらかくしたクリームチーズを、バターナイフかスプーンを使ってジャジャッとぬる。表面を同方向にならすようにするときれい。

3 ビーツのペーストをスプーンを使って全体的にペンペンふって飛ばし、ヨーグルトをバランスよくたらたら〜り。

❴ ひとりごと ❵

「ビーツのペースト」は、ミツカンから出ている「ZENB（ゼンブ）」というシリーズのものですが、なければいちごジャムやブルーベリージャムのシロップを使っても。甘いものが好きな人なら、ここにはちみつや練乳を足してもいいと思います。要するに、楽しければなんでもいいんです、スパッタリングは。

ハニーバター爆盛りチーズトースト

❋

カリっとウマッとジュワッと甘ピリ

#何も怖いものはない #相殺し合ってカロリーゼロ #油と糖質と炭水化物

これまで、何百枚も罪深いトーストを食べ続けてきた私。総カロリーとか脂質とか、考えるだに恐ろしいけれど、分析してみると発見があるもんです。チーズ、バター、はちみつ、黒こしょう。この4つのアイテムに対する執着ときたら。自分でも無意識でしたが、まさしくこれが私の四天王。全部のせてみたらどうなるのかなとやってみたら、最強に恐ろしい美味が完成しちゃいました。アーメン。

recipe

1 食パンの上にシュレッドチーズを山ほどのせてトーストする。

2 ビシッとエッジを効かせてカットした分厚いバターをどんとのせる。

3 バターがとけ始めたところにはちみつと黒こしょうを好きなだけふる。

《 ひとりごと 》

この中で最も重要なポイントといえば、たぶんバター。バターがとけ始める時のあの照り、あの輝き、あの香り、あの魅力！バターフェチなら、とにかくキンキンに冷たい状態のものをよく切れるナイフでビシッときれいなスクエアにカットして使ってみて。とける時のビジュアルがさらに色っぽくなります。

CHAPTER ⑨

#いちおう健康も気づかってはいる

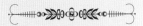

ほぼサラダ なければ はちみつが

クミンキャベツのラピュタパン

✳

#敷ぶとんはクミンキャベツ #アメドラだと主人公の親友的存在 #やせそう

本当によく作るクミンキャベツ。私の頭の中でこいつは「おかず未満、添え野菜以上」という位置付けで、これがあるだけで、目玉焼きだの焼いただけの肉だの魚だのが一気にスターっぽい輝きを放ち出すのだから、すごいんです。そしてクミンなしでは成立しない頑固者。目玉焼きの黄身を割ってとけ出したのがキャベツに絡まったりするともう、感涙ものです。

recipe

1 キャベツの千切りを少しだけレンチンしてから余分な水分をしぼり、塩少々とクミン、オリーブオイルで和える。

2 イギリス食パンをトーストし、1のクミンキャベツをどっさりと敷き詰める。

3 黄身をゆるい半熟程度に焼いた目玉焼きをのせ、塩と黒こしょうをふる。

《 ひとりごと 》

目玉焼きが下手な私。どうも、プロの料理家でも目玉焼きをビシッと完璧に仕上げるのって難しいそうです（言い訳）。香川県高松市在住の鉄作家、槇塚登さんが作る「目玉焼き専用フライパン」というのがあって、それを使えば百発百中で目玉が真ん中にくるらしいという噂。買いそう、買ってしまいそう……。

アボカドクリームのカレートースト

✳

#硬いなら焼いてしまうぞアボカドめ #アボカドクリーム #カレーの仕事

アボカドは焼き派。焼いて食べるアボカドを支持します。フライパンで断面を焼いてこんがりさせるのもいいし、なんならオーブントースターに食パンと一緒に入れてトーストしちゃっても。焼いてからの方が皮はむきやすくなります。味のポイントはカレーパウダーなので、お忘れなく!

recipe

1 アボカドを半割りにして種を取り、フライパンか魚焼きグリルで焼く。皮を外して容器に入れ、クリームチーズを合わせてフォークでつぶす。

2 食パンをこんがりとトーストする。

3 トーストに1をのせて、フォークの先で広げてから押さえるようにして柄をつける。カレーパウダーと塩少々、好みで黒こしょうをふる。

> ◁ **ひとりごと** ▷
>
> アボカドとかパクチーとか、急激に巻き起こる同時多発的フードブームは、間違いなくSNSのせいです。が、アボカドは、その食感に惚れている人も多いのでは。完熟の生だとねっとりにゅるんで、若いとゴリゴリしてまるで芋みたいで、熱を与えるとホクホクになる万能選手だから、ハマるんですよね。

レモンジャムとコーンドビーフのオープンサンド

❋

#肉とレモン #ケイパーはつぼみなんだってよ #ハム色ピンクでパンをおめかし

百貨店系のクレジットカード。昔はポイントが貯まるとリップを買おうとか服を買おうとかウキウキしたものです。そのウキウキは今も変わらないけれど、対象物は地下1階へと完全移行。ポイントの使い道は高級フルーツか高級シャルキュトリ、この2択のみです。「スコティッシュコーンドビーフ」は、牛肉の肩バラ肉のハム。缶詰のコンビーフと起源は同じながらフリル状の肉の食感が贅沢で、苦味のあるレモンジャムとぴったり!

recipe

1 食パンをこんがりとトーストする。

2 バターと甘さ控えめのレモンジャムをたっぷりとぬる。

3 コーンドビーフをどっさりとのせてケイパーを散らす。

《 ひとりごと 》

「肉×フルーツ」の組み合わせは、子ども時代は絶対NGだったのに、今や大好物。特にジャム。牛肉とも合うけれど、実は豚肉との組み合わせが一番好きで、スペアリブを焼く前に、しょうゆとオレンジマーマレードを混ぜ合わせたものに漬け込むと、自作と思えないくらい本格的な味に仕上がるのでやってみて。

グリンピースとマスタードの水玉チーズトースト

お口の中実況中継

コクウマにピリリリリリリ辛い〜

#ふぞろいな水玉に萌える #ヒビ割れたグリンピースに萌える #チーズは粘着剤にもなるよ

グリンピースは、缶詰入りのふにゃふにゃしたものではなくフレッシュのものを使うべし、です。あんなかわいいルックスのくせに、野性味さえ感じさせるのは生ピーならでは。シュレッドチーズのふかふかふとんの間に並べて焼けばチーズと共にこんがり焼けて本当にいい表情。そのままでもウマいですが、マスタードで“追い水玉”すると刺激的な味になります。

recipe

1 食パンにどっさりとシュレッドチーズを敷き詰める。

2 グリンピースを適当に散らしてこんがりと焼く。

3 すき間にマスタードをしぼり、オリーブオイルと黒こしょうをふる。

ひとりごと

「しぼる」と言ってもしぼり袋を使うわけではなく、ホットドッグ屋にあるような細い口先の容器入りのマスタードを買うんですよ。水玉とかハートとかリボンとか、日常生活では気恥ずかしくて使えないモチーフを、トーストで発散しているのかも。かわいい見た目だけどマスタードでぴりりと辛いところがミソ。

アボカドリボンのスクランブルエッグトースト

❉

バタウマくちゅくちゅ

#バターを鬼使い #アボカドリボン #思いっきり口開けないと入りません

ここでもピーラーが大活躍。なめらかなアボカドはリボン状に切るのがかんたんで、やめられなくなる楽しさです。完熟しすぎるとすぐに切れてしまうので、適度に若いアボカドを使うのがおすすめ。このアボカドリボン、サラダにのせても華やかになるので、お試しを。

recipe

1 食パンをこんがりとトーストする。

2 バターを思いっきりたっぷり使ってスクランブルエッグをフワッフワに作り、トーストにのせる。

3 ピーラーを使ってアボカドをリボン状にけずり、スクランブルエッグの上にくるくるのせる。塩と黒こしょうをパラパラ。

❨ ひとりごと ❩

スクランブルエッグに使ったバターの量は、ちゃんと量ったらおそらく大さじ1強、へタすれば2。ライトに仕上げたい時はサラダ油やオリーブオイルでもいいんですが、バターを使うとグググッとコクが増して、背徳的なスクランブルエッグになります。勇気を出して鬼使いしてみてください。朝だから大丈夫。

ラディッシュスプラウトどっさりのラピュタパン

#すべての酒飲みに贈る #反省スプラウト #食べる時草食動物みたいな顔になる

管理栄養士の資格を持つ料理家の大島菊枝さんから、「そんなにお酒が好きなら、もっとスプラウトを食べなくちゃ!」と指導されました。スプラウト、特にブロッコリースプラウトに含まれる成分が、肝機能改善に役立つというのです。「ただし、継続的にたっぷり食べなさい」とのこと。目玉焼きと合わせると、とろーんとした黄身がソース代わりになって食感も最高です。

recipe

1 食パンをこんがりとトーストして、薄くオリーブオイルをぬる。

2 好きな焼き加減の目玉焼きを作ってトーストにドーンとのせる。

3 根元を切り落としたラディッシュのスプラウトをどっさりと積み、塩と粗挽き黒こしょうをふる。

《 ひとりごと 》

スプラウト、最近ではいろんな種類を見かけますが、もやしだってかいわれ大根だって、スプラウトの一種。安価なのでバカにしてたんけど(もやしかいわれ、ごめんなさい)、健康の味方をトーストにのせるのも積極的にやりたい手です。自宅で育てられると聞き、一度チャレンジしたところ、食べたい量に対して収穫量が非効率すぎて断念しました。

マッシュルームのジェノベーゼトースト

イタリアンテイスト満載のもしゃもしゃ食感

#マッシュルームの断面はスカルに似てる説　#たぶん低カロリー　#パスタソースもトーストに使う主義

「マッシュルームを薄切りにしたらスカルに見える」とどこかで書いたら、それ以来本当にそうとしか思えなくなった。いわばこれが自己暗示というものなのでしょうか。薄切りだと生でも食べられるマッシュルームですが、パスタソースとの相性が抜群。まるで禁欲的なパスタのように味わいのあるトーストが完成しました。

recipe

1 食パンにパスタ用のジェノベーゼソースをどっさりとぬる。

2 薄切りにしたマッシュルームをうろこのように整然と並べてトーストする。

3 黒ごまを全体にパラパラと散らす。

{ ひとりごと }

ジェノベーゼソースを使ったのは、たま家にあったから。おそらくこれ、他のパスタソースでもものすごくおいしいはずです。特にミートソースとかカルボナーラなど、ねっとりとろとろ系のソース。あぁ、想像しただけで自分がやりたくてたまらなくなります。

鶏ハムドカン！のアボカドパクチートースト

✲

#隠れた主役は鶏ハム #鋳物ホーロー鍋の出番 #サンリオっぽさ

本来はクッキー作りに使うべきなんだろう、かわいい形のクッキー型。うちにもたくさんあるけど、クッキーを焼いたことはただの一度もなし。が、フルーツや野菜をぬくのに使うと楽しい！アボカドのほか、にんじん、紅芯大根、りんご、さつまいも、柿などの食材に使えます。もちろん切り落とした余分は、刻んでサラダに入れたりそのまま口に放り込んだりして。

recipe

1 食パンをこんがりとトーストしてオリーブオイルを薄くぬる。

2 スライスした鶏ハムをのせる。トーストがずっしりするくらい！

3 星形に抜いたアボカド（星形でなくてもいい）、パクチーをバランスよくのせ、塩水漬けこしょうを散らし、マスタードをしぼる。

{ ひとりごと }

マッチョくんの常備食、鶏ハム（サラダチキン）、鋳物ホーロー鍋があればかんたんにできます。寝る前、鋳物ホーロー鍋に少量の水と酒かワイン、塩少々を入れてチンチンに沸かし、そこに鶏胸肉をドボンと入れて火を切り、フタをして朝までほったらかしに。添える野菜は、正直、何を合わせてもおいしいです。

鮭フレークとアボパクチーのトースト

✢

#茶に漬けずトーストにのせろ鮭茶漬け　#パクチー＆アボカドのバッテリー　#黒こしょうの減り方が飲食店並み

もらい物の「お茶漬け用鮭フレーク」。高価であればあるほど賞味期限は短く、お茶漬けはそんなに食べない……。という場合でも、私にはトーストがある。アボカド＆パクチーというゴールデンバッテリーにかかれば、たいがいどストライクの味になります。この他にもたぶん、お茶漬け鰻、明太子、漬けまぐろあたりまでカバーしてくれるのではないかと。

recipe

1 食パンをこんがりとトーストし、薄くオリーブオイルをぬる。

2 スライスしたアボカドをきれいに並べ、すき間に鮭フレークをのせる。

3 パクチーの葉をのせ、粗挽き黒こしょうをたっぷりとふる。

❰ ひとりごと ❱

「月曜日にはアボカドを食べよう」という「#アボマンデー」というムーブメントがあったの、ご存じ？　海外のインスタグラマーが流行らせたそうなんです。最初は「バカバカしい」と無視していたのに気づけばはやっている私のミーハーっぷりよ。ですが、楽しいし栄養満点。月曜朝の憂鬱をぶっ飛ばしてくれます。

さやいんげんソテーのカレー卵トースト

✽

#関西では三度豆と呼んでいた #フランスではアリコヴェール #その正体はさやいんげん

さやいんげんは大好きな野菜。切り方によって驚くほど味わいが変わることに気付いてからは、ますます好きが加速しています。8月末くらい、夏の盛りを過ぎてちょっとさやいんげんがしっかり過ぎる食感になってきたら、この斜め切りの出番。もっと小さく斜め薄切りにして卵に刺しちゃっても楽しいです。刺したら食べにくい？　いやいや、早食い防止策です。

recipe

1 容器にゆで卵を入れてフォークでザクザクつぶし、マヨネーズ好きなだけとカレーパウダーを少々混ぜる。

2 イギリス食パンをこんがりとトーストし、1をたっぷりとのせる。

3 斜め切りにして焼いたさやいんげんを上に散らす。

> ❴ ひとりごと ❵
>
> デンマークの至宝、「ロイヤルコペンハーゲン」の人気シリーズ「ブルーフルーテッドメガ」のプレート。2枚持っているんですが、その柄に豆っぽさを感じるのは私だけ?「からすのえんどう」ですよ、これは。1枚1枚職人が手描きしているそうで、裏には描いた方のサインが入っています。お持ちの方はチェックしてみて。

ペコリスとゆで卵のころころオープントースト

✼

#賞味期限ブラザーズによる最期の競演 #言っておきますが食べづらいよ #かわいければすべてよし

冷蔵庫の中で末期の叫び声を上げていた期限切れ目前の野菜たち。この日はペコリスとグリンピースが、「俺を見殺しにするのか!」と言うので、オリーブオイルとアンチョビで炒めておいしく供養して差し上げた次第です。大体の野菜はこれで救出可能。ゆで卵もマストアイテム。これが加わることで、満足感もビジュアル完成度もグッと上がります。

recipe

1 くし形に切ったペコリスとグリンピースを少量のオリーブオイルで炒め、つぶしたアンチョビを混ぜる。

2 食パンをこんがりとトーストする。

3 くし形に切ったゆで卵と1をトーストの上にバランスよくのせ、粗挽き黒こしょうをどっさりとふる。

❴ ひとりごと ❵

瓶詰でも缶詰でもいいんですが、アンチョビをストックしておくと、野菜救済作戦ですごい活躍っぷりを見せてくれます。このレシピ、ペコリスもおいしいけれどじゃがいもでやるのもおすすめ。そうなるともう、白ワインのおつまみ感増し増しになっちゃうんですが。

#食パン以外も愛してる

パンであれば
なんだって
幸せ

レンチンチーズとはちみつのトースト

✤

#チーズとける軌跡　#電子レンジはチーズとかし機と化した#高まるハイジ気分#ドかんたん

チーズトーストといえば、食パンにチーズをのせてオーブントースターで焼いて作るもの、とばかり思っていましたが。パンを焼き始めてから「チーズのせるの忘れてた！」となって、慌ててレンジでチンしたチーズを流してみたら、あまりの美味に悶絶。とろとろたらたら、流れた軌跡がはちみつと渾然一体となった見た目の色っぽさといい、舌に絡みつく食感といい……。転んでもただでは起きないサガなんですね。

recipe

1 スライスしたライ麦入りのカンパーニュをこんがりとトーストする。

2 耐熱容器にシュレッドチーズをどっさり入れてレンジにかけてとかす。

3 1のトーストにとけたてのチーズを一気にとろりと流し、アツアツのうちにはちみつをたっぷりとかけて黒こしょうを散らし、食べる。急いで！

〈 ひとりごと 〉

レンチンチーズにハマったきっかけとなったのがこのトースト。以来、パンだけでなくいろんな料理に、"最後の仕上げ"として応用してます。「ラクレットっぽき」または「チーズタッカルビっぽき」というのでしょうか、これをのせるだけですごい迫力が生まれる不思議。ぜひ。

ピーマンとパプリカのチーズトースト

✢

#寝坊したってやる気満々　#チーズはパンのドレスです　#パプリカの香りが鰹節と酷似

基本、朝のトーストは食パンを使うのですが、たまにレーズンだくるみだと「何か入り」が恋しくなることもあります。人気店「ブレッド&サーカス」のくるみ入りカンパーニュ。くるみのカリカリ食感がすでにインされてるので、上にのせるものは多少ふにゃふにゃでも骨格のある仕上がりに。ピーマンとパプリカ、ダブルの苦味とチーズが超絶マッチでした。

recipe

1 くるみのカンパーニュ（なければ普通のカンパーニュ）にシュレッドチーズをどっさりとのせ、ピーマンの輪切りを並べてこんがりトーストする。

2 皿に置き、周りに飛び散るくらい元気よくオリーブオイルをかける。

3 パプリカパウダーと黒こしょうを端っこのほうにたっぷりとふる。

{ ひとりごと }

以前、スペイン料理店の取材に伺った際、「パプリカの使い方がイマイチわからなくて」と話す私に「鰹節だと思えばいいんだよ」とシェフ。開眼!! でも、確かに香りは、鰹節チックです。味は唐辛子と似ているのに、辛さを感じさせない乾燥パプリカ。今度、お好み焼きにふってみようかな（関西人としてどうなの）。

バターバゲットのチョコレートフレーク

❀

お口の中
実況中継

🎙

旨みダイナマイトに甘苦さ

#パンに積もる削りチョコ　#歯が欠けそうになる予感　#2分後にとけ合ってパン上の天国に

バゲットって、どっちかといえば料理に添えるパンというイメージで、硬いパンは好きなものの、朝起き抜けにはハードという印象でした。が、そんなヤワな根性にカツを入れるためには、好きなものをどっさりのせてカムフラージュするのがいいと気づいてしまった……。このパン、キモはバターです。次第にバターとチョコがとけ合って混じる様子を見ていると気絶しそうになります。さっき起きたばっかりですけど。

recipe

1 バゲットを1cmくらいの厚さに切り、こんがりとトーストする。

2 焼き上がったらすかさず分厚く切ったバターをのせる。

3 ビターチョコレートをピーラーでけずって、好きなだけバゲットにふる。

《 ひとりごと 》

ホットチョコレート用の、硬いブロック状のチョコを使いました。たぶん、高級なブランドチョコだと、バゲットやバターが仲良くしてくれない感じがして。ガンガン使えるハードでビターなチョコレートを、好きなだけピーラーでけずり下ろし、なんなら「追いチョコ」するくらいの潔さで食すのがおすすめです。

ギューギューりんごのバゲットサンド

✽

甘いシャクシャクに肉チーズパンチ

#お菓子詰め放題のあの感覚　#完成して気づく食べ辛さ　#黒ひげ危機一髪っぽさ

やり始めるとやめられなくなるもの。リリヤン、ジグソーパズル、エアパッキンのプチプチ、そしてこのギューギューバゲットの挿入作業もそうです。「できた♡」と喜び、紅茶をいれてテーブルに運び、食べようとしてハッ。入れすぎて口に入らない。少しずつ引き抜きながら食べました。何やってんの私。

recipe ─────────────────────→

1 バゲットを適当な長さに切って、中央に深い切り目を入れてバターを挟み込み、オーブントースターで焼く。

2 赤と青のりんごのスライスを適当なバランスでバゲットの切り目にどんどん挿していく。

3 フライパンでこんがりと焼いたベーコンと、グラナパダーノチーズ（好きなチーズでOK）を間に挿していく。

{ ひとりごと }

バゲットサンドは、焼く時に切り目の中にバターかオリーブオイルを仕込んでおくことがポイントかと。それだけでも、間に挟む食材とパンの馴染みがよくなります。ベーコン＆グラナパダーノの組み合わせがあれば、りんご以外のフルーツ、例えばいちじくとかバナナ、柿なんかでやっても美味を保証します。

ブルーベリーのココナツオイル炒めトースト
✽

甘ずっぱとカリカリ香ばしさ

#女3人合宿朝ごパン　#人んちでもトースト遊び　#ブルーベリーのなる家

軽井沢に拠点を移した女友達の家の庭では、なんと夏になるとブルーベリーがたんまり収穫できる。泊めてもらった翌朝、「若草物語プレイ」でこのトーストを作りました。「ジョー、庭でブルーベリーを摘んできてちょうだい」「わかったわ、メグ。私のにはたっぷりはちみつをかけてね」「ずるいわ、ジョー！ ベスのにもお願いね、メグ」（エイミーはいない設定）　ゲラゲラ笑いながら作ってもおいしい超かんたんメニューです。

recipe

1 ブルーベリーをココナツオイルで炒めてグジャっとさせる。

2 ミニサイズ食パンをこんがりと焼いて、1 のブルーベリー炒めをのせる。

3 はちみつをたっぷりかけて、ローストしたアーモンドを散らす。

❀ ひとりごと ❀

「瀬子のトースト、見た目はいいけど本当においしいのか疑問だったけど、イケてるじゃん」という、ほめてるのかけなしてるのかよくわからない言葉をくれた友め。私のトーストは、自分で言うのもなんですがおいしいんです。でもそれは、作り立てを「楽しい！ ハッピー！」って思いながら食べるから。キモはそれです。

ダブルチーズのバーコードトースト

お口の中実況中継

コク&コクに和のしょっぱさ

#おっさんの頭を想像してハッとする #チーズパンの上にチーズかよ #チーズってモチみたい

チーズのパンにチーズをのせて、気は確かなのかと言われそうですが正気です。だって、チーズカンパーニュに入っているチーズはプロセスチーズっぽいダイス状で、対し、上にのせたシュレッドチーズは焼くとトロトロとけるんですもん、別物です。後者、とけたチーズの食感が何かに似てると思ったら、モチでした。よって、海苔をのせたらベストマッチ!

recipe

1 チーズ入りカンパーニュをスライスして、上にシュレッドチーズをたっぷりのせてトーストする。

2 キッチンバサミで細く切った海苔を適当に並べる。

3 全体にオリーブオイルをたらたらとふる。

ひとりごと

海苔って、海外のフーディーからするとギョッとする存在らしいですが、ハマるとたまらないんだそうです。わかる。チーズもそうですが、わりとどんな洋食材とも合うんではないかしら。このバーコードトーストですが、ごま油の風味が効いた韓国海苔で試してみてもおいしいです。

余り野菜グリルのグリーントースト

#午後パン #白ワインを思い浮かべては追い払う刑 #端野菜の底意地

冷蔵庫に残っている野菜を発見すると、救済するためのレシピを必死で考えます。これを無駄にしてしまったら、生まれ変わった時には料理する権利のない虫か何かになるのではと思うから。グリーン野菜の青い味わいを楽しむなら、ブルーチーズ＆バルサミコ酢があれば万全です。万能助っ人としか言いようがない頼もしいおふた方♡

recipe

1 アスパラガスの上半分とアボカド（皮つき）をフライパンでグリルする。焼けたらアボカドの皮を外して切る。

2 ミニ食パンをこんがりとトーストし、1のアスパラガスとアボカドをのせる。

3 けずったブルーチーズを適当にのせ、バルサミコ酢を真横にシャシャッとかけて黒こしょうをふる。

❴ ひとりごと ❵

小さい食パンというのは、食パンとは似て非なる存在です。まずその食感が、やわらかホワホワ、焼けばさくさく。なので、食べにくい大きさの食材をのっけてしまってもとりあえずまとめてくれる。午後のおやつやワインおつまみに使うのにももってこいです。

ブルーベリー富士山のココナツトースト

#ブルーベリーの赤富士　#とびばこパンが正式名称　#ココナツの雪がふる

いまだにこの形を見るたびに「台形の面積の求め方」が頭に
浮かぶのは、子どもの時にものすごく算数に苦しんだトラウマ
からでしょうね。大人になってあぁよかった。これ、正式名称
は「とびばこパン」という商品ですが、初めて見た瞬間から
富士山にしか見えない、ニッポン人の私。ブルーベリーの色
できれいに染まったおしゃれな富士山は、シンプルにバター
たっぷりとココナツファインのみでファーストバイト。

recipe ▶

1 とびばこパン（普通のパンでももちろんOK）を適当な厚さにスライスし、
　こんがりとトーストする。

2 アツアツ状態でバターをのせて、とけ始めたところで全体にのばす。

3 ココナツファインをとびばこの上部分にたっぷりと散らす。

{ ひとりごと }

「とびばこパン」の生みの親は、大阪・堺
にある「パンドサンジュ」というお店。包
丁を入れる前のとびばこパンは、耳の側
面に1から5まで、とびばこの"段"が焼
印で入り、その状態で見るとなるほど、
立派なとびばこです。オンラインショップ
ではいろんな種類が買えます。

お口の中
実況中継

シンプルテイストに香りとコク甘

うさぎパンのザクザクグラノーラトースト

✻

#私の頭の中にあるメルヘン　#福音館の絵本に育てられた女　#どこから食べても罪悪感

噂には聞いていましたが、とうとう「うさぎパン」をGET。ギフトコンシェルジュの裏地桂子さんがせっかくくれたのに、やはりいたずらせずにはいられなく、毎回なんかしてから食べてました。このグラノーラのセバージョンがなかなかかわいくておいしかった。グラノーラやコーンフレークはこげないように、バターたっぷりしみしみで焼くのがコツです。

recipe

1 適当な厚さにスライスしたうさぎパンに、常温に戻してやわらかくしたバターをたっぷりぬる。

2 グラノーラをどっさりとのせて、トーストする。

3 バナナで鼻の横のフゴフゴしたところ、アーモンドで鼻、レーズンで目、クコの実で頬をつける。

ひとりごと

うさぎパンは、東京・高円寺の「ベーカリー兎座LEPUS」という店で売られているもので、うさぎの形をした食パンです。焼き上がりを型から抜く時、どうやっているのか謎。このほか、うさぎパンフレンチトースト、うさぎラペサンド、ココナッツバター風味うさぎトーストなど、最後の1枚までたっぷり楽しみました。

おわりに

❋

せっせと食べ続けてきた
トーストを見返して思うのは、
「そりゃ、やせるわけないよね」。
しかし、後悔なんてありません。
いろんな食材の冒険があったし、
目が回りそうに忙しい時でも
季節の移り変わりを感じられる。

切る、焼く、レンチンする程度のこれを
"料理"というのは図々しくて恐縮なんですが、
それでも私は伝えたいのです。
朝は食べなきゃ。楽しく食べなきゃ。
クサクサしてる時こそどうぞ
トーストで元気を出してください。

山口繭子
やまぐち・まゆこ

ディレクター。神戸市出身。
『婦人画報』編集部、『ELLE gourmet』編集部
（共にハースト婦人画報社）を経て独立。
食とライフスタイルをテーマに、様々なメディアやプロジェクトで活動。
主に朝ごはんのトーストを投稿しているインスタグラムが話題。
instagram @mayukoyamaguchi_tokyo
note https://note.com/mayukoyamaguchi

世界一かんたんに人を幸せにする食べ物、それはトースト

2020年11月20日　初版発行
2021年 2 月20日　第4刷発行

著者
山口繭子

発行人
植木宣隆

発行所
株式会社サンマーク出版
〒169-0075 東京都新宿区高田馬場2-16-11
電話 03-5272-3166（代表）

印刷
株式会社暁印刷

製本
株式会社若林製本工場

ブックデザイン
アルビレオ

写真
井上美野（表紙、P 8－12）

校閲
鷗来堂

本文DTP
天龍社

編集
池田るり子（サンマーク出版）

ISBN978-4-7631-3862-0 C0077
ホームページ　https://www.sunmark.co.jp